高校入試実戦シリーズ

実力判定テスト10

理科
偏差値65

※解答用紙はプリントアウトしてご利用いただけます。弊社
HPの商品詳細ページよりダウンロードしてください。

目　次

この問題集の特色と使い方 ……………………………………………… 3

この問題集の特色と使い方

☆本書の特長

　本書は，実際の入試に役立つ実戦力を身につけるための問題集です。いわゆる"難関校"の，近年の入学試験で実際に出題された問題を精査，分類，厳選し，全10回のテスト形式に編集しました。

　この問題集は，問題編と解答・解説編からなり，第1回から第10回まで，回を重ねるごとに徐々に難しくなるような構成となっています。出題内容は，特におさえておきたい基本的な事柄や，近年の傾向として慣れておきたい出題形式・内容などに注目し，実戦力の向上につながるものにポイントを絞って選びました。さまざまな種類の問題に取り組むことによって，実際の高校入試の出題傾向に慣れてください。そして，繰り返し問題を解くことによって学力を定着させましょう。

　解答・解説は全問に及んでいます。誤答した問題はもちろんのこと，それ以外の問題の解答・解説も確認することで，出題者の意図や入試の傾向を把握することができます。自分の苦手分野や知識が不足している分野を見つけ，それらを克服し，強化していきましょう。

　実際の試験のつもりで取り組み，これからの学習の方向性を探るための目安として，あるいは高校入試のための学習の総仕上げとして活用してください。

☆問題集の使い方の例

①指定時間内に，問題を解く

　時間を計り，各回に示されている試験時間内で問題を解いてみましょう。

②解答ページを見て，自己採点する

　1回分を解き終えたら，本書後半の解答ページを見て，採点をしましょう。

　正解した問題は，問題ページの□欄に✔を入れましょう。自信がなかったものの正解できた問題には△を書き入れるなどして，区別してもよいでしょう。

　配点表を見て，合計点を算出し，記入しましょう。

③解説を読む

特に正解できなかった問題は，理解できるまで解説をよく読みましょう。

正解した問題でも，より確実な，あるいは効率的な解答の導き方があるかもしれませんので，解説には目を通しましょう。

うろ覚えだったり知らなかったりした事柄は，ノートにまとめて，しっかり身につけましょう。

④復習する

問題ページの□欄に✔がつかなかった問題を解き直し，全ての□に✔が入るまで繰り返しましょう。

第10回まですべて終えたら，後日改めて第1回から全問解き直してみるのもよいでしょう。

☆アドバイス

◎試験問題を解き始める前に全問をざっと確認し，指定時間内で解くための時間配分を考えることが大切です。一つの問題に長時間とらわれすぎないようにしましょう。

◎かならずしも1から順に解く必要はありません。見慣れた形式の問題や得意分野の問題から解くなど，自分なりの工夫をしましょう。

◎時間が余ったら，必ず見直しをしましょう。

◎問題文を丁寧に読みましょう。「あてはまらないものを選びなさい」や「すべて選びなさい」，「『○○』ということばを使って書きなさい」など，重要な部分は線を引いたり○で囲んだりして，確認しましょう。

◎入試問題に出される複雑な計算問題は，工夫すると簡単な計算で処理できるものがあります。まずは工夫することを考えましょう。

◎無理な暗算は避け，ケアレスミスを防ぎましょう。余白スペースを活用しましょう。

◎問題集を解くときは，ノートを用意しましょう。空いているスペースをやみくもに使うのではなく，できる限り整然と，どこに何を記したのかわかるように書いていきましょう。そうすれば，見直しをしたときにケアレスミスも発見しやすくなります。

☆実力判定と今後の取り組み

◎まず第1回から第3回までを時間内にやってみて，解答を見て自己採点してみてください。

◎おおむね30点未満の場合は，先に進むことを一旦やめて，教科書や教科書準拠の問題集などの学習に切り替えることをお勧めします。その後，この問題集に取り組んでください。

◎30点以上60点未満程度で，正答にいたらないにしても，取り組める問題が多い場合には，まずは第3回までの問題について，上記の＜問題集の使い方の例＞に示した方法で，徹底的に学習してから，第4回目以降に進んでいきましょう。その際，回ごとに徹底的な復習が必要です。

◎60点以上80点未満の場合には，上記の＜問題集の使い方の例＞，＜アドバイス＞を参考に第10回目まで進み，その後，志望する高校の過去問題集に取り組んでみましょう。

☆過去問題集への取り組み

ひととおり学習が進んだら，志望校の過去問題集に取り組みましょう。国立・私立高校は，学校ごとに問題も出題傾向も異なります。また，公立高校においても，都道府県ごとの問題にそれぞれ特色があります。自分が受ける高校の入試問題を研究し，対策を練ることが重要です。

一方で，これらの学習は，高校入学後の学習の基にもなりますので，入試が終われば必要ないというものではありません。そのことも忘れずに，取り組んでください。

頑張りましょう！

出題の分類

① 独立小問
② 植物のはたらき
③ 水溶液とその性質
④ 水蒸気と湿度
⑤ 電流と磁界

時　　間：50分
目標点数：80点

1回目	／100
2回目	／100
3回目	／100

▶ 解答・解説は P.98

① 次の問いに答えなさい。

□ (1) 19世紀の中ごろにメンデルは，エンドウを用いて交配実験を行った。エンドウの丸い種子をもつ純系の親と，しわの種子をもつ純系の親を他家受粉させたところ，できた種子はすべて丸かった。得られた種子をまいて育てたエンドウが自家受粉すると，孫の代には丸い種子としわのある種子があらわれた。

種子の形を丸にする遺伝子をA，しわにする遺伝子をaとするとき，孫の代の遺伝子の組み合わせの数の比（AA：Aa：aa）を簡単な整数であらわすとどうなるか。次のア〜オから1つ選び記号で答えなさい。ただし，比が0となっているのはその遺伝子の組み合わせが生じないことを示している。

ア　AA：Aa：aa＝3：0：1
イ　AA：Aa：aa＝3：1：0
ウ　AA：Aa：aa＝2：1：1
エ　AA：Aa：aa＝2：0：2
オ　AA：Aa：aa＝1：2：1

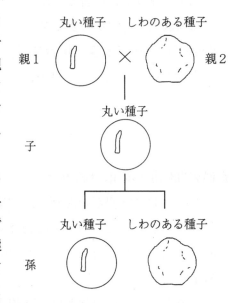

□ (2) 還元によって金属が生じる化学変化を，次のア〜エから1つ選び，記号で答えなさい。
ア　水でしめらせた鉄を空気中に置いておく。
イ　火のついたマグネシウムリボンを二酸化炭素の中に入れる。
ウ　加熱した酸化銅を，水素を集めた試験管の中に入れる。
エ　炭酸水素ナトリウムを加熱する。

□ （3）　地点Aにおいて，2つの地震X，Yが起こったときの地震計の記録を比べると，初
期微動継続時間は，地震Yより地震Xのときのほうが短かった。このことからわかる
こととして正しいものを次のア〜エから1つ選び，記号で答えなさい。

　　ア　地震Yより地震Xのほうが，震度が大きい。

　　イ　地震Yより地震Xのほうが，マグニチュードが大きい。

　　ウ　地震Yより地震Xのほうが，P波の伝わる速さが速い。

　　エ　地震Yより地震Xのほうが，震源からの距離が近い。

□ （4）　右の図のようなモノコードの弦をはじいて音を
出した。次に，ことじをXの方向に移動させて，弦
を同じ強さではじいて音を出した。このとき，2回
目に出した音ははじめに出した音と比べて，振動数
や振幅はどう変わるか。次のア〜エから1つ選び，
記号で答えなさい。

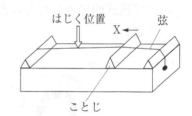

　　ア　振動数は多くなり，振幅も大きくなる。

　　イ　振動数は多くなり，振幅は変わらない。

　　ウ　振動数は変わらず，振幅は小さくなる。

　　エ　振動数は少なくなり，振幅は変わらない。

2　植物のはたらきについて調べるために，次の実験1，2を行った。ただし，用意した植
物の葉や茎の各部分から出ていく水の量は，どれもそれぞれ等しいものとし，ワセリンを
ぬっても，ぬらなかった部分には何も影響がないものとする。あとの問いに答えなさい。

実験1　図のように，網状脈をもつある植物を，赤インクで着
色した水の中に入れた。数時間置いたあと，Aで茎を切断
し，うすく切ってプレパラートをつくり，顕微鏡で観察
したところ，赤く染まった部分が見られた。

赤インクで
着色した水

実験2　茎の長さや太さ，葉の大きさや数などがほぼ同じ植物
の枝を4本用意し，それぞれ表のP〜Sのような操作を加
えたあと，同量の水が入ったメスシリンダーに1本ずつ
さし，水面に油を1滴ずつたらした。風通しのよい明る
いところに数時間置き，メスシリンダー内の水の減少量を測定した。その結果を表
に追加した。

表

	操作	水の減少量[mL]
P	何も処理しない。	3.3
Q	すべての葉の表側にワセリンをぬる。	2.7
R	すべての葉の裏側にワセリンをぬる。	0.9
S	すべての葉を切りとって，その切り口にワセリンをぬる。	0.3

□ (1) 実験1で，プレパラートを観察したときに赤く染まって見えた部分にかげをつけて模式的に表したものとして正しいものを，次のア～エから1つ選び，記号を書きなさい。

ア 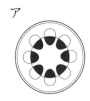　イ 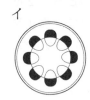　ウ 　エ

□ (2) 次の文中の ① にあてはまる内容を書きなさい。
　　実験2で，下線部の操作を行ったのは，水面からの ① ためである。

□ (3) 実験2で，メスシリンダー内の水が減少したのは，植物が吸い上げた水が水蒸気として空気中へ出ていったためである。この現象を何というか。その名称を書きなさい。

□ (4) 表のP～Sの水の減少量の結果のうち，2つの差を用いると，葉の表側から出ていった水蒸気の量を求めることができる。その組み合わせとして正しいものを，次のア～カから2つ選び，その記号を書きなさい。
　　ア PとQ　　　イ PとR　　　ウ PとS
　　エ QとR　　　オ QとS　　　カ RとS

□ (5) 次の文中の ① にはあてはまる数値を， ② ， ③ にはあてはまる語を書きなさい。
　　実験2で，葉の裏側から出ていった水蒸気の量は，葉の表側から出ていった水蒸気の量の ① 倍である。これより，水蒸気の出口である ② は，葉の表側と裏側のうち ③ に多く分布していることがわかる。

3 　物質の溶解度を調べるために，次の実験を行った。あとの問いに答えなさい。

　　水50gを入れた4つのビーカーを用意し，硫酸銅，ミョウバン，塩化ナトリウム，ホウ酸をそれぞれ15gずつ加えた。その後，ガラス棒でよくかき混ぜながら加熱して，20℃，40℃，60℃の各温度において物質が完全に溶けるかどうか調べた。

　　表1の○は物質がすべて溶けたことを示し，×は物質の一部が溶け残ったことを示す。

表1

溶質の名称	20℃	40℃	60℃
硫酸銅	×	×	○
ミョウバン	×	×	×
塩化ナトリウム	○	○	○
ホウ酸	×	×	×

　　20℃と60℃における各物質の溶解度は，以下の表2に示すとおりである。各物質の溶解度から，実験結果の考察を行った。ただし，溶解度は水100gに対して溶ける溶質の最大の質量gを表すものとする。

表2

物質名	20℃	60℃
硫酸銅	20.2	39.9
ミョウバン	5.90	24.8
塩化ナトリウム	35.9	37.0
ホウ酸	5.00	15.0

□　(1)　今回の実験のように温度による物質の溶解度の差を利用して，溶かした物質を結晶として取り出す操作の名称として，最も適切なものを次のア～オから1つ選び，記号で答えなさい。

　　　ア　蒸留　　　イ　蒸発　　　ウ　再結晶　　　エ　凝固　　　オ　凝縮

□　(2)　60℃の水100gに限界まで硫酸銅，ミョウバン，ホウ酸の各物質を溶かして飽和水溶液を調製した。それぞれの飽和水溶液を60℃から20℃まで冷却すると，結晶の析出量に違いが見られる。析出した結晶の質量の大小関係を示したものとして，最も適切なものを次のア～ケから1つ選び，記号で答えなさい。

　　　ア　硫　酸　銅　＜　ミョウバン　＜　ホ　ウ　酸
　　　イ　硫　酸　銅　＜　ホ　ウ　酸　＜　ミョウバン
　　　ウ　ミョウバン　＜　硫　酸　銅　＜　ホ　ウ　酸
　　　エ　ミョウバン　＜　ホ　ウ　酸　＜　硫　酸　銅
　　　オ　ホ　ウ　酸　＜　硫　酸　銅　＜　ミョウバン

カ　ホ　ウ　酸　＜　ミョウバン　＜　硫　酸　銅
キ　硫　酸　銅　＝　ミョウバン　＜　ホ　ウ　酸
ク　硫　酸　銅　＜　ミョウバン　＝　ホ　ウ　酸
ケ　硫　酸　銅　＝　ミョウバン　＝　ホ　ウ　酸

□　(3)　20℃におけるホウ酸の飽和水溶液の濃度として，最も適切なものを次のア～エから1つ選び，記号で答えなさい。
　　　ア　2.4%　　　　イ　3.6%　　　　ウ　4.8%　　　　エ　6.0%

□　(4)　右にミョウバンの溶解度曲線を示す。ミョウバンの飽和水溶液の質量パーセント濃度が35%になるときの温度として，最も適切なものを次のア～キから1つ選び，記号で答えなさい。
　　　ア　約15℃　　　　イ　約25℃
　　　ウ　約35℃　　　　エ　約45℃
　　　オ　約55℃　　　　カ　約65℃
　　　キ　約75℃

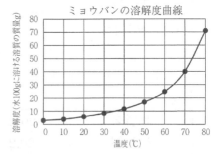

□　(5)　以下のA～Cは硫酸銅，塩化ナトリウム，ホウ酸のいずれかの物質の溶解度曲線である。実験結果や考察から硫酸銅とホウ酸の溶解度曲線を選び，その組み合わせとして最も適切なものを次のア～カから1つ選び，記号で答えなさい。

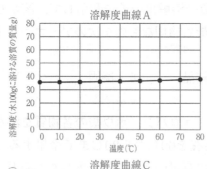

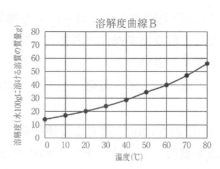

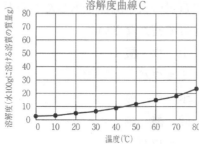

	硫酸銅	ホウ酸		硫酸銅	ホウ酸
ア	溶解度曲線A	溶解度曲線B	イ	溶解度曲線B	溶解度曲線A
ウ	溶解度曲線A	溶解度曲線C	エ	溶解度曲線C	溶解度曲線A
オ	溶解度曲線B	溶解度曲線C	カ	溶解度曲線C	溶解度曲線B

4 Sさんは，空気中の水蒸気について調べるため，次の実験1，2を行った。あとの問い
に答えなさい。

実験1 図1のように，金属製のコップに室温と同じ温度
の水を入れ，砕いた氷を入れた試験管で水をかき
混ぜながら少しずつ水温を下げていった。金属製の
コップの表面がくもり始めたときの水温を測定し
た。

図1

試験管
氷

実験2 実験1と同様の実験を次の日にも行った。実験を
行ったときの気温は実験1のときよりも高く，金属
製のコップの表面がくもり始めたときの水温は実験
1と同じであった。

図2は，実験1を行ったときの実験室の乾湿計を表したものであり，表1は，湿
度表の一部を表したものである。

図2

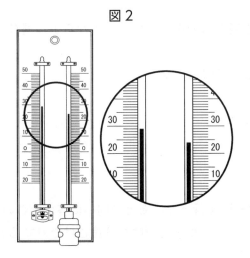

表1

乾球	乾球と湿球の示度の差〔℃〕					
〔℃〕	1.0	2.0	3.0	4.0	5.0	6.0
30	92	85	78	72	65	59
29	92	85	78	71	64	58
28	92	85	77	70	64	57
27	92	84	77	70	63	56
26	92	84	76	69	62	55
25	92	84	76	68	61	54
24	91	83	75	68	60	53
23	91	83	75	67	59	52
22	91	82	74	66	58	50
21	91	82	73	65	57	49

□ (1) 実験1を行ったときの実験室の湿度は何％か。

□ (2) 次の文は，実験1で，金属製のコップの表面がくもった理由について述べたもの
である。文中の ① ， ② にあてはまるものの組み合わせとして最も適当なもの

を，あとのア～エから1つ選び，記号で答えなさい。

コップの表面の温度が下がり，コップのまわりの空気が ① に達して ② に変化したため。

ア ①：沸点　②：水滴が水蒸気　　イ ①：沸点　②：水蒸気が水滴

ウ ①：露点　②：水滴が水蒸気　　エ ①：露点　②：水蒸気が水滴

□ (3) 表2は，気温と飽和水蒸気量との関係を表したものである。表2から，実験1，2で，金属製のコップの表面がくもり始めた温度は何℃か。

表2

気温 [℃]	飽和水蒸気 量[g/m³]	気温 [℃]	飽和水蒸気 量[g/m³]
15	12.8	23	20.6
16	13.6	24	21.8
17	14.5	25	23.1
18	15.4	26	24.4
19	16.3	27	25.8
20	17.3	28	27.2
21	18.3	29	28.8
22	19.4	30	30.4

□ (4) 次の文は，実験2を行ったときの湿度について述べたものである。文中の ① にあてはまる最も適当なものをA群のア～ウのうちから， ② にあてはまる最も適当なものをB群のア～ウから，それぞれ1つずつ選び，記号で答えなさい。実験2では実験1と比べ，気温が高く，空気1m³中の水蒸気量が ① ことから，実験室の湿度は ② と考えられる。

A群　ア　多い　　　　　　イ　少ない　　　　　　ウ　変わらない

B群　ア　実験1よりも高い　イ　実験1よりも低い　ウ　実験1と同じ

□ (5) 雲ができやすい条件として最も適当なものを，次のア～エから1つ選び，記号で答えなさい。

ア　山頂からふもとに向かって空気が移動するとき。

イ　上空の冷たい空気が下降するとき。

ウ　地表付近の空気があたためられるとき。

エ　高気圧の中心部。

5 電流と磁界の関係を調べるため，次の実験を行った。あとの問いに答えなさい。

実験1　図1のような回路を作り，棒磁石とコイルを近づけたり遠ざけたりすると，検流計の針が振れた。

実験2　図2のようにコイルを厚紙に差し込み，厚紙が水平になるように置いた。方位磁針を置き，磁界の向きを調べた。スイッチを入れる前は，磁針のN極は北を指していた。

実験3　図3のような回路を10Ω，30Ω，50Ω，70Ωの4本の電熱線から2本用いて作り，

抵抗の組み合わせによるコイルの振れの変化を調べた。

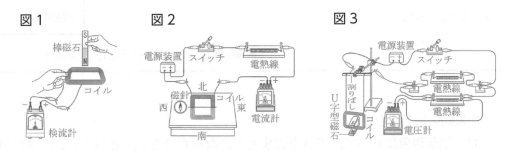

図1　　　　　　図2　　　　　　図3

□　(1)　実験1で，固定したコイルに棒磁石のN極を上から近づけると，検流計の針が左に振れた。次のア～エの動かし方でこれと同じ結果になるものを1つ選び，記号で答えなさい。

□　(2)　実験2で，スイッチを入れたところ，図4のように磁針のN極が南を指して止まった。図4のA，B，Cの各点に方位磁針を置いたとき，磁針のN極が指す向きとして正しい組み合わせを，次のア～エから1つ選び，記号で答えなさい。

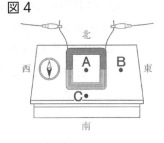

図4

ア　A　北　　　　B　南　　　　C　南
イ　A　南　　　　B　北　　　　C　南
ウ　A　南　　　　B　南　　　　C　北
エ　A　北　　　　B　南　　　　C　北

□　(3)　実験3で，コイルの振れ幅が最大になる組み合わせのときの2本の電熱線全体の電気抵抗の大きさは何Ωか。

□　(4)　実験3で，コイルの振れ幅が最大になる抵抗の組み合わせで，電圧計が16.5Vを示した。電源装置が流す電流の大きさは何Aか。

65

第2回

| 時　間：50分 |
| 目標点数：80点 |

出題の分類

① 独立小問　　④ 酸化と還元
② 圧力・浮力　　⑤ 地層と岩石
③ 消化と吸収

▶ 解 答 ・ 解 説 は P.101

1回目	／100
2回目	／100
3回目	／100

① 次に問いに答えなさい。

☐ (1) 遺伝現象において，形質を表すもとになるものを(①)という。(①)は核の中にある(②)に存在し，その本体は(③)という物質である。(①)〜(③)にあてはまる語句の組み合わせとして，正しいものを次のア〜カから1つ選び，記号で答えなさい。

	①	②	③
ア	遺伝子	染色体	DNA
イ	遺伝子	DNA	染色体
ウ	DNA	遺伝子	染色体
エ	DNA	染色体	遺伝子
オ	染色体	遺伝子	DNA
カ	染色体	DNA	遺伝子

☐ (2) 2019年12月，温暖化対策を話し合う国際会議「COP25」がスペインで開催され，パリ協定を実施するルール作りが討議された。パリ協定では温室効果ガスの削減などについて取り決められたが，温室効果ガスとして誤っているものを，次のア〜エから1つ選び，記号で答えなさい。
ア　酸素　　イ　メタン　　ウ　一酸化二窒素　　エ　二酸化炭素

☐ (3) 北緯36.5°の位置にあるA市の夏至の日における太陽の南中高度は何度か。ただし地球は,地軸を公転面に垂直な方向に対して23.4°傾けて，自転しながら公転しているとする。

☐ (4) 真空放電管に高い電圧をかけると陰極線が見える。陰極線は何の流れか，次のア〜オから1つ選び，記号で答えなさい。
ア　電子　　イ　陽子　　ウ　電磁波　　エ　中性子　　オ　Heの原子核

2 図1のように，高さが3cmのおもりにばねをつけて水そうの底に沈めたあと，ばねを真上に引いて，おもりを少しずつ引き上げていく実験を行った。このときのおもりの底面から水そうの底までの距離とばねののびの関係を表したものが，図2である。実験に使用したばねは，質量20gのおもりをつるしたときに1cmのびる。また，質量100gの物体にはたらく重力の大きさを1Nとする。あとの問いに答えなさい。

図1

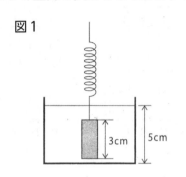

図2

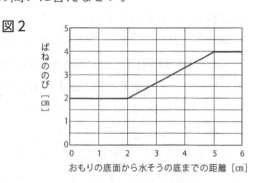

□ (1) 次の文中の ① ， ② にあてはまる語句として最も適切なものを，次のア～エからそれぞれ1つ選び，記号で答えなさい。

水中にある物体に対してはたらく上向きの力を ① という。 ① の大きさは，水に沈んでいる物体の ② が大きいほど大きく，水の深さには関係がない。

ア 質量　　イ 体積　　ウ 水圧　　エ 浮力

□ (2) 図1のように，おもりが完全に水中にあるとき，おもりにはたらく水圧の大きさと向きを矢印で表すとどうなるか。最も適切なものを，次のア～エから1つ選び，記号で答えなさい。

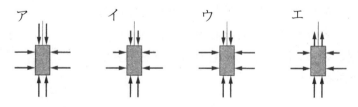

□ (3) おもりの質量は何gか。最も適切なものを，次のア～オから1つ選び，記号で答えなさい。

ア 40g　　イ 60g　　ウ 80g　　エ 100g　　オ 120g

□ (4) おもりが完全に水中にあるとき，おもりにはたらく浮力の大きさは何Nか。最も適切なものを，次のア～オから1つ選び，記号で答えなさい。

ア 0.2N　　イ 0.3N　　ウ 0.4N　　エ 0.5N　　オ 0.8N

3 Sさんは，ヒトの消化液のはたらきについて調べるため，次の実験を行った。また，吸収について調べたことをまとめた。これに関して，あとの問いに答えなさい。

実験
① 1％のデンプン溶液を5mLずつ入れた試験管A〜Hを用意した。
② 試験管AとBにはだ液を2mLずつ，試験管CとDには胃液と同じ成分の液体を2mLずつ，試験管EとFにはすい液と同じ成分の液体を2mLずつ，試験管GとHには水を2mLずつ加えた。
③ 図1のように，試験管A，C，E，Gは37℃，試験管B，D，F，Hは0℃を保つようにした。
④ 5分後，試験管A〜H内の液をそれぞれ二等分し，一方にはヨウ素液を加えた。また，もう一方にはベネジクト液を加えてから加熱した。表は，反応が見られたものを○，反応が見られなかったものを×として，結果をまとめたものである。

図1
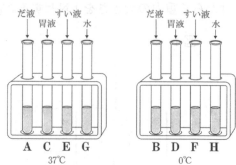

表

試験管	A	B	C	D	E	F	G	H
ヨウ素液	×	○	○	○	×	○	○	○
ベネジクト液	○	×	×	×	○	×	×	×

調べたこと
消化液などのはたらきで，体に吸収できる大きさの分子まで分解された栄養分は，小腸を通るときに内壁にある柔毛から吸収される。図2は，柔毛のつくりを模式的に表したものである。

図2
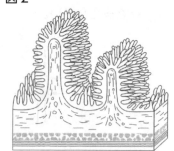

□ (1) だ液や胃液にふくまれている消化酵素について述べた文として最も適切なものを，次のア〜エから1つ選び，記号で答えなさい。
ア だ液にはリパーゼが，胃液にはアミラーゼがふくまれている。
イ だ液にはトリプシンが，胃液にはリパーゼがふくまれている。
ウ だ液にはアミラーゼが，胃液にはペプシンがふくまれている。
エ だ液にはペプシンが，胃液にはトリプシンがふくまれている。

□ (2)　実験結果から考えられることとして最も適切なものを，次のア～エから1つ選び，記号で答えなさい。
　　ア　だ液にふくまれる消化酵素は，ヒトの体温くらいの温度でよくはたらく。
　　イ　胃液に含まれる消化酵素は，0℃でははたらかない。
　　ウ　試験管AとEのデンプンは，アミノ酸に分解された。
　　エ　試験管AとEのデンプンは，ブドウ糖に分解された。

□ (3)　調べたことで，栄養分のうち，脂肪の消化に関わる胆汁がつくられる器官として最も適切なものを，次のア～エから1つ選び，記号で答えなさい。
　　ア　胆のう　　イ　腎臓　　ウ　肝臓　　エ　小腸

□ (4)　図2の柔毛と同じように，はたらきの効率をよくするために表面積を大きくしているつくりとして最も適切なものを，次のア～エから1つ選び，記号で答えなさい。
　　ア　網膜　　イ　鼓膜　　ウ　末しょう神経　　エ　肺胞

□ (5)　図2の柔毛から吸収され，血液の循環によって運ばれるブドウ糖について述べた文として最も適切なものを，次のア～エから1つ選び，記号で答えなさい。
　　ア　柔毛の毛細血管から吸収されて血液とともに肝臓に運ばれる。また，一部はグリコーゲンにつくり変えられ，一時的に肝臓や筋肉に蓄えられる。
　　イ　柔毛の毛細血管から吸収されて血液とともに肝臓に運ばれる。また，一部はタンパク質につくり変えられ，一時的にすい臓や筋肉に蓄えられる。
　　ウ　柔毛のリンパ管から吸収されて血液とともに肝臓に運ばれる。また，一部はグリコーゲンにつくり変えられ，一時的に肝臓や筋肉に蓄えられる。
　　エ　柔毛のリンパ管から吸収されて血液とともに肝臓に運ばれる。また，一部はタンパク質につくり変えられ，一時的にすい臓や筋肉に蓄えられる。

4 化学変化について調べるために，次の実験を行った。

実験

1. 図1のように，2.80gの酸化銅と，0.06gの炭素の粉末を混合して試験管Aの中に入れて加熱したところ，気体が発生し，試験管Bの中の石灰水が白くにごった。気体の発生が終わったあと，試験管Bからガラス管を取り出して加熱をやめ，ピンチコックでゴム管を閉じた。さらに，試験管Aが十分に冷えたところで，試験管Aの中に残った物質の質量を測定した。

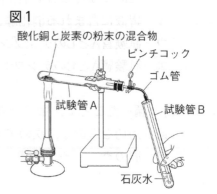

図1

2. 酸化銅の質量は変えずに，炭素の粉末の質量を0.12g，0.18g，0.24g，0.30gと変えて，1と同様の操作を行った。

   表は，実験の結果をまとめたものであり，図2は，この結果をもとに，炭素の粉末の質量と，発生した気体の質量との関係を記録したものである。

表

加えた炭素の粉末の質量[g]	0.06	0.12	0.18	0.24	0.30
反応後の試験管Aの中に残った物質の質量[g]	2.64	2.48	2.32	2.27	2.33

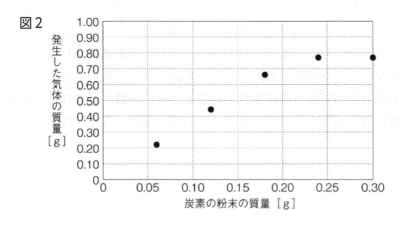

図2

この実験に関して，あとの問いに答えなさい。

☐ (1) 下線部の操作を行う目的として最も適切なものを，次のア～エから1つ選んで，記号で答えなさい。

   ア 試験管Aに残った物質が外にこぼれないようにするため。

   イ 試験管Aが早く冷えるようにするため。

ウ　試験管Aが割れないようにするため。

エ　試験管Aに空気中の酸素が入らないようにするため。

□　(2)　実験で，酸化銅に起こった化学変化を，化学反応式で書きなさい。

□　(3)　実験で，酸化銅2.80gと過不足なく反応する炭素の粉末の質量は何gか，求めなさい。

□　(4)　実験で，酸化銅2.80gと炭素の粉末0.30gを混合して加熱したとき，加熱後の試験管Aの中に残っている物質として正しいものを，次のア～カの中から１つ選んで，記号で答えなさい。

ア　酸化銅のみ　　　イ　炭素のみ　　　ウ　銅のみ

エ　酸化銅と炭素　　オ　酸化銅と銅　　カ　炭素と銅

□　(5)　次の文中の□□□にあてはまる語を書きなさい。

実験で，酸化銅は炭素によって□□□されたことがわかる。

5　先生と翔太さんは，露頭が見られる２つの地点で地層の調査を行った。先生と翔太さんの会話文を読み，あとの問いに答えなさい。

先　　生：さて，A地点とB地点の露頭のスケッチは上手く描けたかな。

翔太さん：見ていただけますか(図１)。

先　　生：上手く描けているね。おや，この化石のスケッチはなんだい。

翔太さん：ここの泥岩層には多くの化石がふくまれていたので，その化石の１つをスケッチしておきました(図２)。

先　　生：a この化石がふくまれる泥岩層は２つの露頭のどちらにも１層だけに見られるなら，かぎ層にできるね。

翔太さん：そうですね，できそうです。ただ，この化石がふくまれる泥岩層のすぐ下の層が何の岩石で構成されているかわかりませんでした。

先　　生：では，その層の岩石をルーペで観察してみよう。

翔太さん：鉱物の結晶のようなものは見られませんね。

先　　生：そうだね。それに，他の地層や岩石の色などから総合的に考えて火成岩でできているとは考えにくいね。では，次にこの目薬の容器に入れた塩酸をたらしてみようか。

翔太さん：あ，たらしたところから気体が出てきました。

先　　生：次に，発生した気体を集気びんに集め，石灰水を加えてみよう。

翔太さん：石灰水が白く濁りました。

先　　生：そうだね。これで泥岩層の下の層が，何の岩石で構成されているかわかっただ
　　　　　ろう。

翔太さん：[　A　]ですね。

先　　生：次にれき岩層に注目してみよう。この層にふくまれるれきは，火成岩でできて
　　　　　いるようだね。bれきを学校に持ち帰って，組織を詳しく見てみよう。

翔太さん：このれきを構成している火成岩は，どこで形成されたのでしょうか。

先　　生：では，c後日この近くにある火山を調査してみよう。

図1　露頭のスケッチ

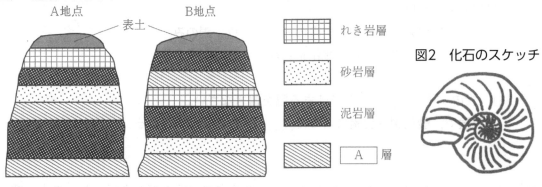

図2　化石のスケッチ

□ （1）　図1に関して，会話文中の下線部aに注意しながら，この地点で見られる2つの
　　　　露頭から作成した地層の柱状図として最も適切なものを次のア〜エから1つ選び，記
　　　　号で答えなさい。ただし，2つの露頭に見られる地層には上下の逆転はなく，地層は
　　　　平行に積み重なっているものとする。

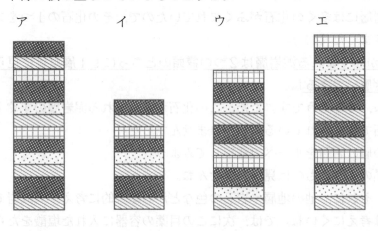

□ （2）　図2に関して，この化石の名称とこの化石をふくむ泥岩層が形成された地質年代
　　　　を次の選択肢の中からそれぞれ1つずつ選び，記号で答えなさい。

① 　化石の名称

　ア　フズリナ　　　　イ　ビカリア　　　　　ウ　サンヨウチュウ

　エ　アンモナイト　　オ　ナウマンゾウ　　カ　ティラノサウルス

② 　この化石を含む泥岩層が形成された地質年代

　ア　古生代　　イ　中生代　　ウ　新生代

□　(3)　　A　　に入る岩石名として，最も適切なものを次のア～カから1つ選び，記号で答えなさい。

　ア　チャート　　イ　凝灰岩　　ウ　花こう岩

　エ　流紋岩　　オ　石灰岩　　カ　玄武岩

□　(4)　下線部bに関して，このれきの組織を，顕微鏡で観察したところ，大きな結晶のまわりに非常に小さな結晶やガラス質の部分が見られた。この組織の名称と，この組織をもつ火成岩の形成過程を述べた文として最も適切なものを次の選択肢の中からそれぞれ1つずつ選び，記号で答えなさい。

① 　組織の名称

　ア　斑状組織　　イ　等粒状組織

② 　火成岩の形成過程

　ア　マグマが，地下の深い場所でゆっくりと冷えて固まって形成された。

　イ　マグマが，地表付近の浅い場所で急激に冷えて固まって形成された。

□　(5)　下線部cに関して，先生と翔太さんが近くの火山の調査を行った結果，火山の形がおわんを伏せたような形になっており，白っぽい火成岩が多く見られることが分かった。このような火山を形成するマグマの性質とこの火山と同様の形をしている火山の代表例として，最も適切なものを次の選択肢の中からそれぞれ1つずつ選び，記号で答えなさい。

① 　マグマの性質

　ア　ねばりけが強い　　イ　ねばりけが弱い

② 　火山の代表例

　ア　雲仙普賢岳　　イ　富士山　　ウ　マウナロア山

1 独立小問
2 細胞分裂
3 中和

4 前線と天気
5 凸レンズ

1回目	／100
2回目	／100
3回目	／100

▶ 解 答・解 説 は P.104

1　次の問いに答えなさい。

□　(1)　以下の表は，ヘビ・フナ・ニワトリ・ネズミ・カエルのいずれかをA～Eの記号で
示し，それらの動物を,「呼吸の仕方」「子の生まれ方」「体温の変化」の観点(かんてん)
から2つのグループに分けて表したものである。Bの動物は何か。正しいものを，下
のア～オの中から1つ選んで，記号で答えなさい。なお，Aはおとなと子で呼吸の仕
方が異なる。

表

呼吸の仕方	A(おとな)　B　D　E	A(子)　C
子の生まれ方	A　B　C　E	D
体温の変化	A　B　C	D　E

ア　ヘビ　イ　フナ　ウ　ニワトリ　エ　ネズミ　オ　カエル

□　(2)　BTB溶液を加えたうすい塩酸40cm³を入れたビーカーに，水酸化ナトリウム水溶
液を少しずつ加え，BTB溶液の色の変化を調べた。表はこの結果を表している。
表

加えた水酸化ナトリウム水溶液〔cm³〕	10	20	30	40	50
BTB溶液の色	黄色	黄色	緑色	青色	青色

ア～エのグラフは，このときのビーカー内のイオンの数の変化を表したものであ
る。水酸化物イオンのグラフとして，正しいものを次のア～エの中から1つ選び，
記号で答えなさい。

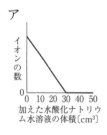
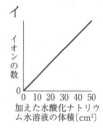
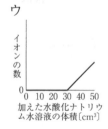
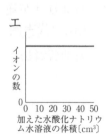

□ (3) 図1は，日本のある地点で発生した地震の波の到着時間と震源からの距離の関係を表したグラフである。この地震における初期微動を発生させる地震の波の速さとして最も適切なものを次のア～カから1つ選び，記号で答えなさい。

図1

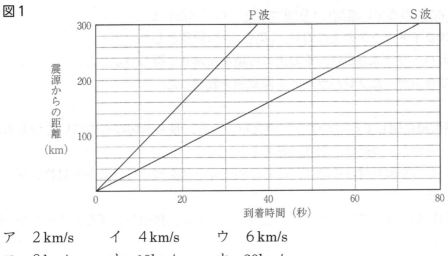

ア　2 km/s　　イ　4 km/s　　ウ　6 km/s

エ　8 km/s　　オ　10km/s　　カ　20km/s

□ (4) 太郎さんが引越しの手伝いをしている。質量30kgの荷物を20m上の5階まで5分で運んだ。太郎さんの仕事率はいくらか。次のア～エから1つ選び,記号で答えなさい。ただし，質量100gの物体にはたらく重力を1Nとする。

ア　2 W　　イ　20W　　ウ　120W　　エ　1200W

2 タマネギの根を用いて，以下の手順でプレパラートを作成し，細胞分裂のようすを顕微鏡で観察した。あとの問いに答えなさい。

手順1 根の先端をカッターナイフで3～5mm切り取って，えつき針で細かくくずした。

手順2 ₐ60℃のうすい塩酸に1分間つけたのち，水洗いした。

手順3 スライドガラスの上にのせ，ᵦ染色液を1滴落とした。

手順4 カバーガラスをかけ，その上にろ紙をかぶせて押しつぶした。

手順5 できあがったプレパラートを顕微鏡で観察した。

□ (1) 顕微鏡に関して述べた①～⑥の文章のうち，最も適切なものはいくつあるか。下のア～キから1つ選び，記号で答えなさい。

① レンズを取り付ける際は，始めに接眼レンズを取り付けてから対物レンズを取り付ける。

② 対物レンズとプレパラートを近づけるときは，接眼レンズをのぞきながら慎重に行う。

③ 対物レンズの倍率を4倍から10倍に変えると，視野は明るくなる。

④ 一般的な顕微鏡では，視野の右上に見えている試料を視野の真ん中に移動させて観察したい場合，プレパラートを左下に動かせばよい。

⑤ 接眼レンズが10倍，15倍，対物レンズが4倍，10倍，40倍とある場合，最も倍率が高い組み合わせで観察すると，600倍で観察ができる。

⑥ 接眼レンズは変えず，対物レンズだけ10倍から40倍に変えると，視野の中に見える試料の実際の面積$\frac{1}{4}$倍になる。

ア 1つ　　イ 2つ　　ウ 3つ　　エ 4つ　　オ 5つ

カ 6つ　　キ 最も適切なものはない

□ (2) 手順2の下線部aの処理を行うのはなぜか。次のア～エから1つ選び，記号で答えなさい。

ア 細胞の膜をこわし，核を取り出すため。

イ 細胞分裂を活発にするため。

ウ 染色体に色をつけるため。

エ 一つ一つの細胞を離れやすくするため。

□ (3) 手順3の下線部bとして最も適切なものはどれか。次のア～オから1つ選び、記号で答えなさい。
ア　酢酸カーミン溶液
イ　BTB溶液
ウ　ヨウ素液
エ　ベネジクト溶液
オ　フェノールフタレイン溶液

□ (4) 図は、細胞分裂のようすをスケッチしたものである。③から順に、細胞分裂の正しい順に並べたとき、3番目と5番目になるものの組み合わせとして最も適切なものはどれか。次のア～カから1つ選び、記号で答えなさい。

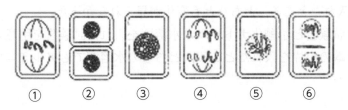

①　②　③　④　⑤　⑥

	3番目	5番目
ア	①	④
イ	④	⑥
ウ	⑤	②
エ	④	②
オ	⑤	④
カ	①	⑥

3 Sさんは，水溶液について調べるため，次の実験1，2を行った。これに関して，あとの問いに答えなさい。

実験1

① 塩酸を入れた試験管と水酸化ナトリウム水溶液を入れた試験管を用意し，それぞれの水溶液をガラス棒で赤色リトマス紙につけたところ，水酸化ナトリウム水溶液をつけたリトマス紙だけが青色に変わった。次に，それぞれの水溶液をガラス棒で青色リトマス紙につけたところ，塩酸をつけたリトマス紙だけが赤色に変わった。

② ①の2本の試験管にマグネシウムの小片を入れたところ，塩酸に入れたマグネシウムだけが泡を出しながら溶けた。

③ 新たに，塩酸を入れた試験管と水酸化ナトリウム水溶液を入れた試験管を用意し，2本の試験管に銅の小片を入れたところ，どちらとも変化が見られなかった。

④ 新たに，塩酸を入れた試験管と水酸化ナトリウム水溶液を入れた試験管を用意し，2本の試験管にアルミニウムの小片を入れたところ，どちらの水溶液でもアルミニウムが泡を出しながら溶けた。

実験2

① 濃度の異なる塩酸A，Bと，濃度の異なる水酸化ナトリウム水溶液C，Dを用意した。

② 塩酸A10cm^{3}をビーカーに入れ，BTB液を数滴加えた水溶液をかき混ぜた。水酸化ナトリウム水溶液Cを4.0cm^{3}加えたところで水溶液が緑色になった。

③ 塩酸A10cm^{3}を新しいビーカーに入れ，BTB液を数滴加えてかき混ぜた。水酸化ナトリウム水溶液Dを12.5cm^{3}加えたところで水溶液が緑色になった。

④ 塩酸B10cm^{3}を新しいビーカーに入れ，BTB液を数滴加えてかき混ぜた。水酸化ナトリウム水溶液Cを6.0cm^{3}加えたところで水溶液が緑色になった。

⑤ ②〜④の水溶液をそれぞれ蒸発皿に少量入れて加熱したところ，結晶が析出した。

こまごめピペット

水酸化ナトリウム水溶液

ガラス棒

BTB液を加えたうすい塩酸

□ (1) 実験1の②，④で発生した気体はすべて同じであった。発生した気体の化学式として最も適切なものを，次のア～カから1つ選び，記号で答えなさい。
　　　ア O$_2$　　イ H$_2$　　ウ N$_2$　　エ C1$_2$　　オ CO$_2$　　カ NH$_3$

□ (2) 塩酸とアルミニウムを入れたビーカーに水酸化ナトリウム水溶液を加え続けたとき，発生する気体のようすとして最も適切なものを，次のア～エから1つ選び，記号で答えなさい。
　　　ア　とくに変化は見られない。
　　　イ　気体の発生が強まっていく。
　　　ウ　気体の発生が弱まっていき，やがて止まる。その後加え続けても気体は発生しない。
　　　エ　気体の発生が弱まっていき，やがて止まるが，その後加え続けると再び気体が発生する。

□ (3) 実験2の⑤で，析出した結晶の形として最も適当なものを，次のア～エから1つ選び，記号で答えなさい。

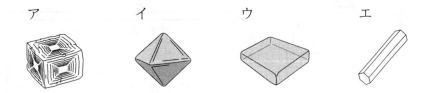

□ (4) 水酸化ナトリウム水溶液D15cm^{3}をビーカーに入れ，BTB液を数滴加えてかき混ぜた。この水溶液に塩酸Bを何cm^{3}加えたところで水溶液が緑色になるか。

□ (5) 実験2から，塩酸Aと塩酸Bの同体積中にふくまれている塩化物イオンの数を最も簡単な整数比で表しなさい。

4 次の文章を読み，あとの問いに答えなさい。

　日本には四季があり，季節ごとに特徴的な気団が天気に影響を与えています。その結果，ある季節では図1に示すような典型的な気圧配置になります。また，日本では偏西風の影響を受け，天気が変化することが多くあります。

　図2は，ある日の天気図です。図2の地点Aにおいて，ある晴れの日の乾湿計は図3，湿度表は表のようになっていました。

図1

図2

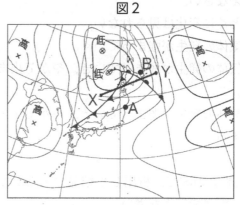

図3

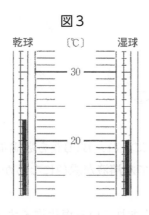

表　　　　　　　　[単位：%]

		乾球と湿球の示す値の差〔℃〕						
		1	2	3	4	5	6	7
乾球の示す値〔℃〕	24	91	83	75	68	60	53	46
	23	91	83	75	67	59	52	45
	22	91	82	74	66	58	50	43
	21	91	82	73	65	57	49	42
	20	91	81	73	64	56	48	40
	19	90	81	72	63	54	46	38
	18	90	80	71	62	53	44	36
	17	90	80	70	61	51	43	34
	16	89	79	69	59	50	41	32
	15	89	78	68	58	48	39	30

□ （1） 図1の気圧配置について書いた文章として誤っているものを次のア～エから1つ選び，記号で答えなさい。

　　ア　西高東低という気圧配置になっている。

　　イ　冷たくて湿っているシベリア気団が高気圧になっている。

　　ウ　西寄りの季節風が吹き，日本海側では雪の天気になりやすい。

　　エ　太平洋側では冷たい北西の風が吹いて，乾燥した晴れの天気になりやすい。

□ (2) 下線部「偏西風の影響」と関係の深い文章として最も適切なものを次のア～エから1つ選び，記号で答えなさい。

ア 太平洋高気圧が日本の南側に停滞する。

イ 台風が日本の南方より北上する。

ウ 日本付近の上空では1年中西寄りの風が吹く。

エ 日本の天気は関東から関西方面へ変わることが多い。

□ (3) 図2のX−Y間において，前線付近の断面を模式的に表している図として最も適切なものを次のア～エから1つ選び，記号で答えなさい。

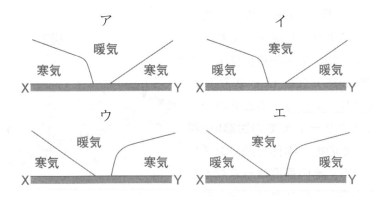

□ (4) 図2の地点A，Bのようすについて正しく説明しているものを次のア～エから1つ選び，記号で答えなさい。

ア 地点Aでは西寄りの風が吹いている。

イ 地点Bは積乱雲が観測されやすい。

ウ 地点Aと地点Bを比べると，地点Bの方が気圧が低い。

エ 地点Aと地点Bを比べると，地点Bの方が気温が高い。

□ (5) 図3の乾湿計が示している湿度として最も適切なものを次のア～エから1つ選び，記号で答えなさい。

ア 48% イ 52% ウ 73% エ 75%

5 Sさんは，凸レンズについて調べるために実験を行った。これに関する先生との会話
文を読んで，あとの問いに答えなさい。

Sさん：図1のように，スリットを通した太陽
　　　　光を凸レンズに当てたところ，凸レン
　　　　ズで屈折した光が，凸レンズの中心か
　　　　ら8cm離れた点に集まりました。
先　生：凸レンズの焦点距離が8cmというこ
　　　　とですね。
Sさん：次に，焦点距離が8cmの凸レンズを
　　　　使って図2のような装置をつくりまし
　　　　た。最初は，凸レンズから物体までの
　　　　距離aを20cmにして，はっきりした
　　　　実像がスクリーンにうつるときの凸レ
　　　　ンズからスクリーンまでの距離bを調
　　　　べました。その後，物体を凸レンズに
　　　　近づけながら，その都度はっきりとし
　　　　た像がうつるようにスクリーンを動か

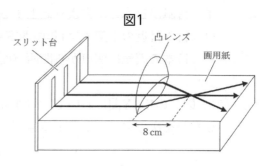

図1

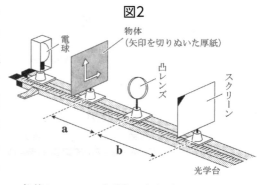

図2

　　　　し，bの長さの変化を調べました。また，虚像についても調べました。
先　生：bの長さの変化について教えてください。
Sさん：物体を凸レンズに近づけ，aの長さを短くしていくと，bの長さはしだいに ①
　　　　なっていき，実像は ② なっていきました。
先　生：物体と同じ大きさの実像がスクリーンにうつったとき，aとbの長さは何cmでし
　　　　たか。
Sさん：どちらも ③ cmでした。それから，aの長さが ④ cmのときは，スクリー
　　　　ンにはっきりした実像がうつらないだけではなく，凸レンズ越しにのぞいても
　　　　はっきりした虚像も見えませんでした。実像も虚像もできないのはなぜですか。
先　生：それは，凸レンズで屈折した光がすべて平行になり，1点に集まらないからです
　　　　よ。
Sさん：ありがとうございます。ほかの実験もやってみます。

□ (1) 会話文中の下線部について，スクリーンにうつった実像のようすとして最も適切なものを，次のア～エから１つ選び，記号で答えなさい。

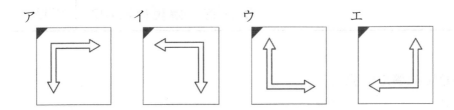

□ (2) 会話文中の ① ， ② にあてはまることばの組み合わせとして最も適当なものを，次のア～エから１つ選び，記号で答えなさい。
ア ①：長く ②：大きく イ ①：長く ②：小さく
ウ ①：短く ②：大きく エ ①：短く ②：小さく

□ (3) 会話文中の ③ ， ④ にあてはまる数は，それぞれいくつか。

□ (4) 図２の凸レンズの上半分を図３のように黒い紙でおおい，はっきりした実像をスクリーンにうつしたとき，スクリーンにうつる実像のようすとして最も適切なものを，次のア～エから１つ選び，記号で答えなさい。
ア 物体の上半分だけがうつる。
イ 物体の下半分だけがうつる。
ウ 全くうつらなくなる。
エ 物体全体が暗くうつる。

図３

黒い紙

□ (5) 図４は，図２の物体の矢印を表したもので，高さは４cmある。図２のaの長さを40cmにしてはっきりした実像がうつる位置までスクリーンを動かしたときのbの長さとスクリーンにうつった実像の高さはそれぞれ何cmか。

図４

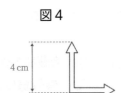
4 cm

65

第4回

出題の分類

① 独立小問
② 物体の運動
③ 生殖と遺伝

④ 炭酸水素ナトリウムの分解
⑤ 堆積岩と火成岩

▶ 解答・解説は P.107

時　　間：50分
目標点数：80点

1回目	／100
2回目	／100
3回目	／100

① 次の問いに答えなさい。

□ (1) 水と数滴のBTB溶液を入れた試験管の中にオオカナダモを入れて暗所に1日置いた。このときに起こる現象はどれか。次のア～エから1つ選び，記号で答えなさい。
ア　デンプンの生成　　イ　BTB溶液が青くなる
ウ　酸素の放出　　　　エ　二酸化炭素の放出

□ (2) ある水溶液Aにマグネシウムリボンを入れると，水素を発生させながら少しずつ溶けていった。この水溶液の性質として誤っているものはどれか。次のア～エから1つ選び，記号で答えなさい。
ア　ムラサキキャベツの煮汁を赤色に変える
イ　青色リトマス紙を赤色に変える
ウ　BTB溶液を加えると青色になる
エ　緑色のpH試験紙中央に水溶液を染み込ませたヒモを置き，電圧を加えると陰極側が変化する

□ (3) 恒星の色と温度には関係性がある。太陽は黄色，おおいぬ座のシリウスは白色，オリオン座のリゲルは青白色，さそり座のアンタレスは赤色をしている。この4つの中で一番温度が高い恒星はどれか。次のア～エから1つ選び，記号で答えなさい。
ア　太陽　　イ　シリウス　　ウ　リゲル　　エ　アンタレス

□ (4) 冷蔵庫やエアコンに使われていて，空気中に放出されると，大気の上空まで上昇し，紫外線によって分解されることで塩素を生じ，上空に存在するオゾン層を破壊する原因となるガスを何というか答えなさい。

2　図1のように上の面に摩擦がないなめらかな台車の上に乗った物体が，台車と一体となって台車と同じ速さで右向きに運動していた。やがて台車は，机に固定された台ABCDに衝突した。このとき，物体は台の上に乗って運動を続けて，台に乗った時刻から2.5秒後にCの位置で静止した。摩擦力がはたらくのは台のBからDの間だけとして，あとの問いに答えなさい。

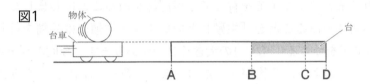
図1

□　(1)　台車の上に物体があるとき，物体にはたらいている力を最も適切に表しているものを次のア～エから1つ選び，記号で答えなさい。ただし，矢印は重ならないように表している。

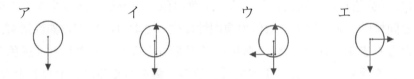

ア　　　　イ　　　　ウ　　　　エ

□　(2)　台車が衝突して物体が台に乗った時刻を0秒として，0秒から2.5秒間の物体の速さと時間の関係を表すグラフとして最も適切なものを次のア～エから1つ選び，記号で答えなさい。

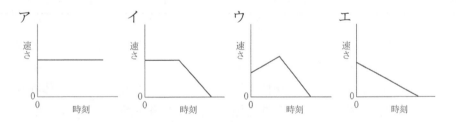

ア　　　　イ　　　　ウ　　　　エ

□　(3)　AからCまでの長さが50cmのとき，AC間での物体の平均の速さはいくらか。最も適切なものを次のア～エから1つ選び，記号で答えなさい。
　　ア　0.02m/s　　イ　0.05m/s　　ウ　0.2m/s　　エ　0.5m/s

□　(4)　図2のF_1とF_2は，物体がBC間を運動するとき，物体と台の間にはたらく力を表している。この2力の関係を表すものとして最も適切なものを次のア～エから1つ選び，記号で答えなさい。
　　ア　慣性　　　　　イ　力のつり合い
　　ウ　仕事の原理　　エ　作用・反作用

図2
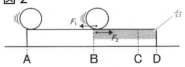

3　次の文章を読み，あとの問いに答えなさい。

　中学3年生の一子さんは親の手伝いで夜ご飯を作っていました。今日の料理はカレーです。一子さんは以前買ったジャガイモがあることを思い出し，そのジャガイモを見つけました。するとジャガイモからは芽のようなものが出ており，一子さんは驚きました。このとき，学校の授業で学んだ「ジャガイモやサツマイモの増え方」のことを思い出し，翌日から早速ジャガイモとサツマイモを育てて観察記録を取ることにしました。

　生物が新しい個体を作ることを「生殖」といいます。生殖には受精を行わない（　①　）と，受精によって子をつくる（　②　）の大きく2つがあります。今回のジャガイモの場合は（　①　）であり，このように植物がからだの一部から新しい個体をつくる生殖を（　③　）といいます。また，（　①　）は受精を行わないことから（　④　）分裂によって新しい個体を作っているといえます。さらに（　②　）においてメンデルのエンドウの実験により，遺伝の規則性が明らかになりました。

エンドウの遺伝現象を考えるとき，エンドウには「丸」と「しわ」という「種子の形」の形質以外に，「黄色」と「緑色」という「子葉の色」の形質もあります。この形質は「種子の形」と同様に，メンデルの遺伝の規則性に従っており，片方は顕性形質，もう片方は潜性形質となります。このとき，「黄色の子葉をつくるエンドウ」と「緑色の子葉をつくるエンドウ」を受精させると，すべて「黄色の子葉をつくるエンドウ」となり，「緑色の子葉をつくるエンドウ」は生まれませんでした。

□　(1)　文章中の（　①　），（　②　），（　③　），（　④　）にあてはまる語句の組み合わせとして最も適切なものを次のア～カから1つ選び，記号で答えなさい。

	①	②	③	④
ア	無性生殖	有性生殖	栄養生殖	体細胞
イ	有性生殖	栄養生殖	無性生殖	体細胞
ウ	栄養生殖	無性生殖	有性生殖	体細胞
エ	無性生殖	有性生殖	栄養生殖	減数
オ	有性生殖	栄養生殖	無性生殖	減数
カ	栄養生殖	無性生殖	有性生殖	減数

□ (2) 図1のように細胞の染色体の数が4本(長い染色体と短い染色体で2対)の状態を考えるとき,体細胞分裂を完全に終えた後の細胞の染色体のようすとして最も適切なものを次のア～エから1つ選び,記号で答えなさい。ただし,体細胞分裂は正常に完了したとします。

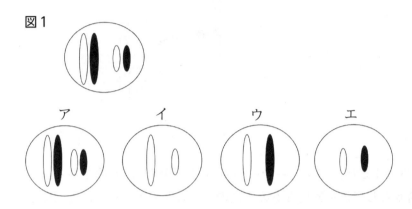

□ (3) 図2のように細胞の染色体の数が4本(長い染色体と短い染色体で2対)の状態を考えるとき,減数分裂を完全に終えた後の細胞の染色体のようすとして最も適切なものを次のア～エから1つ選び,記号で答えなさい。ただし,減数分裂は正常に完了したとします。

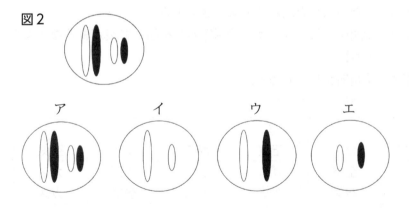

□ (4) 文章中の下線部のエンドウ同士で受精させて種子をつくるとき,「黄色の子葉をつくるエンドウ」と「緑色の子葉をつくるエンドウ」の予想される比率として最も適切なものを次のア～オから1つ選び,記号で答えなさい。
　　ア　黄色:緑色=1:1　　イ　黄色:緑色=1:0　　ウ　黄色:緑色=0:1
　　エ　黄色:緑色=3:1　　オ　黄色:緑色=1:3

35

4　下の図のような装置を組み立て，固体の炭酸水素ナトリウムをガスバーナーで加熱したところ，気体Aと液体Bが発生した。あとの問いに答えなさい。

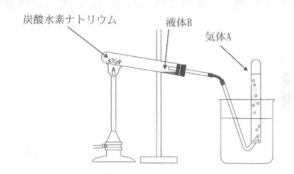

炭酸水素ナトリウム　　液体B　　気体A

□　(1)　以下の文章は，ガスバーナーの使い方を説明したものである。①～⑤に入る語句の組合せとして最も適切なものを次のア～カから1つ選び，記号で答えなさい。

【点火する手順】

操作1：ガスバーナーの2つの調節ねじがともにしまっていることを確認し，ガスの元栓を開ける。

操作2：ガスバーナーの燃焼口に着火ライターの火を近づけて，①調節ねじをゆるめて点火する。

操作3：②調節ねじを回して炎を大きくする。

操作4：②調節ねじを押さえ，③調節ねじを回して炎が青くなるように調節する。

【火を消す手順】

操作5：④調節ねじをしめる。

操作6：⑤調節ねじをしめ，元栓を閉じる。

	①	②	③	④	⑤
ア	ガス	空気	ガス	ガス	空気
イ	空気	ガス	空気	空気	ガス
ウ	空気	空気	ガス	空気	ガス
エ	空気	空気	ガス	ガス	空気
オ	ガス	ガス	空気	ガス	空気
カ	ガス	ガス	空気	空気	ガス

□ (2) 試験管に集めた気体A，および発生した液体Bに起こる反応として最も適切なものを，次の選択肢からそれぞれ１つずつ選び，記号で答えなさい。

   ＜気体A＞

    ア　火のついた線香を近づけると激しく燃える。

    イ　火のついた線香を近づけるとポンと音を立てる。

    ウ　石灰水に通すと白く濁る。

    エ　刺激臭がある。

   ＜液体B＞

    ア　赤色リトマス試験紙が青色に変化する。

    イ　青色の塩化コバルト紙が赤色に変化する。

    ウ　ヨウ素液を加えると青紫色に変化する。

    エ　ベネジクト液を加えて加熱すると赤褐色の沈澱が生じる。

□ (3) この実験の変化を化学反応式で書きなさい。

□ (4) 加熱する試験管の口を少し下げるのはなぜか。最も適切なものを次のア〜オから１つ選び，記号で答えなさい。

    ア　炭酸水素ナトリウムと発生した液体が反応するため。

    イ　試験管全体に熱を伝えて反応を速くするため。

    ウ　発生した気体が下方に集まる性質があるため。

    エ　発生した液体が加熱部に流れて試験管が割れるのを防ぐため。

    オ　発生した気体が充満して試験管が割れるのを防ぐため。

□ (5) この気体Aを冷やすと固体へと変化した。この状態変化の名称を漢字で答えなさい。

□ (6) 気体Aの１気圧，0℃における密度は1.979kg/m³である。これを−80℃まで冷やし固体にすると，密度は1.565g/cm³になる。気体Aを状態変化させて１cm³の固体をつくるとき，気体Aは何cm³必要になるか。解答は小数点以下を四捨五入して，整数で求めなさい。

5 理科の授業で岩石の採集に出かけ，採集した岩石をルーペで観察した。図1のA～C
は，そのスケッチである。あとの問いに答えなさい。

図1

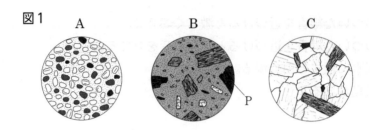

□ (1) ルーペを使って手に持った岩石を観察する方法として最も適切なものを，次のア
～エから1つ選び，記号で答えなさい。

ア ルーペを岩石に近づけて持ち，頭を前後に動かしてピントを合わせて観察する。

イ ルーペを岩石に近づけて持ち，ルーペを前後に動かしてピントを合わせて観察す
る。

ウ ルーペを目に近づけて持ち，岩石を前後に動かしてピントを合わせて観察する。

エ ルーペを目に近づけて持ち，頭とルーペを動かしてピントを合わせて観察する。

□ (2) 岩石Aは，れきや砂などの土砂が堆積してできた堆積岩で，堆積岩には，火山灰
が堆積した凝灰岩などもある。岩石Aをつくる土砂の粒の形の特徴を，火山灰の粒の
形との違いが分かるように，10文字以内で答えなさい。

□ (3) 岩石Bは，小さな粒の間に，大きな結晶が散らばったつくりになっている。この
ようなつくりを持つ岩石を何というか，次のア～エから1つ選び，記号で答えなさ
い。

ア 火山岩   イ チャート   ウ 石灰岩   エ 深成岩

□ (4) 岩石Bで，小さな粒の間にある，大きな結晶のPの部分を何というか。漢字で答え
なさい。

□ (5) 岩石Cは，ほぼ同じ大きさの大きな結晶が組み合わさっている。このようなつく
りを何というか。漢字で答えなさい。

□ (6) 岩石Bは黒っぽい色をしており，岩石Cは白っぽい色をしていた。以下の問いに答えなさい。

① 岩石Cでは，柱状で，白色や桃色をしている鉱物の結晶が多く見られた。この鉱物は何か，答えなさい。

② 次の文は，岩石Cができた付近の火山と比較した，岩石Bができた付近の火山について説明したものである。文中の（　）のa～cにあてはまるものを，aは図2のX～Zから，bは（　）内のア，イから，cは（　）内のア～ウからそれぞれ1つ選び，記号で答えなさい。

岩石Bができた付近の火山は，図2の（　a　）のような形に分類される火山で，岩石Cができた付近の火山と比べて，b(ア　激しい　　イ　おだやかな)噴火をする。このような特徴をもつ火山には，c(ア　富士山　　イ　雲仙普賢岳　　ウ　マウナロア)がある。

図2
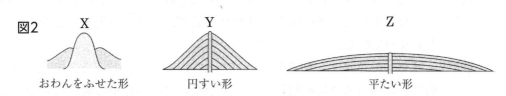

X おわんをふせた形　　Y 円すい形　　Z 平たい形

出 題 の 分 類

　① 独立小問
　② 水の電気分解
　③ 電流と電圧
　④ 人の体のしくみ
　⑤ 太陽と月

▶ 解 答 ・ 解 説 は P.110

① 次の問いに答えなさい。

□ (1) 次の観察1～観察5は，太郎君がゼニゴケ，イヌワラビ，ナズナ，アサガオ，ツユクサを観察してその特徴を整理したものである。この中の植物①～植物⑤は上記のどの植物を観察したものか，最も適切なものを次のア～カから1つ選び，記号で答えなさい。

　観察1　植物①は4枚の白い花弁をもち，それぞれが離れていた。また，葉脈は網目状になっていた。茎の維管束は輪状に並び，根は太い根とそこから出る細い根からなっていた。

　観察2　植物②の花弁は5枚であったが，花弁がくっついていた。また，葉の葉脈は植物①と同じように網目状になっていた。茎の維管束は輪状に並び，根は太い根とそこから出る細い根からなっていた。

　観察3　植物③は3枚の青紫色をした花弁をもっていた。また，葉脈は平行になっており，茎の維管束はばらばらに分布していた。根は植物①や植物②とは異なり，たくさんの細い根をもっていた。

　観察4　植物④は，花が咲かず，種子をつくらなかった。根，茎，葉が見られ，葉の裏には胞子のうがあった。指ではじくとたくさんの胞子が飛んだ。茎は地中にあり，茎の断面には維管束がみられた。

　観察5　植物⑤は，植物④と同じように種子をつくらず，胞子のうがあった。葉のような平らな体が地面に広がっていたが，根，茎，葉の区別がなかった。また，根のようなものが見られた。

	植物①	植物②	植物③	植物④	植物⑤
ア	イヌワラビ	ナズナ	アサガオ	ツユクサ	ゼニゴケ
イ	イヌワラビ	ナズナ	ツユクサ	ゼニゴケ	アサガオ
ウ	ナズナ	アサガオ	ツユクサ	イヌワラビ	ゼニゴケ
エ	ナズナ	ツユクサ	アサガオ	ゼニゴケ	イヌワラビ
オ	ツユクサ	アサガオ	ナズナ	ゼニゴケ	イヌワラビ
カ	ツユクサ	ナズナ	アサガオ	イヌワラビ	ゼニゴケ

□ (2) 80℃の水100gを入れたビーカーに，温度を80℃に保ちながら硝酸カリウムをとけ
　　　るだけとかして水溶液をつくった。その後，水溶液の温度を40℃まで下げたところ，
　　　結晶が出てきた。このように，固体を高い温度の水にとかしたあと，温度を下げて結
　　　晶をとり出す方法を何というか。

□ (3) マグニチュードに関する記述として，最も適切なものを次のア～エから１つ選
　　　び，記号で答えなさい。
　　　ア　マグニチュードが小さくても，直下型地震などではマグニチュードが大きな地震
　　　　よりも最大震度が大きくなることがある。
　　　イ　マグニチュードが大きくても，海洋側を震源とする地震では揺れのエネルギーが
　　　　海に吸収されてしまい，陸地側を震源とする地震に比べると揺れる範囲が常に狭
　　　　い。
　　　ウ　マグニチュードが１違う地震では，放出されるエネルギーが10倍違う。
　　　エ　マグニチュードは，大きくなればなるほど揺れを伝える速さが増す。

□ (4) もとの長さが8cmで，１Nのおもりをつるすと2.0cmのびる
　　　ばねAと，もとの長さが14cmで，１Nのおもりをつるすと
　　　1.5cmのびるばねBを使って，同じ重さのおもり3個を右図のよ
　　　うにつるすと，ばねA，ばねBの長さが等しくなった。おもり
　　　１個の重さは何Nか。最も適切なものを次のア～エの中から１
　　　つ選び，記号で答えなさい。ただし，ばねの重さは考えないも
　　　のとする。
　　　ア　0.5N　　イ　１N　　ウ　２N　　エ　３N

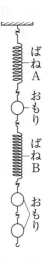

2　図1のように，簡易型電気分解装置の上部の2つのあなにゴム栓をして，水酸化ナトリウムをとかした水を装置内に満たした。電源装置のスイッチを入れて，液体に電圧を加えると，陽極と陰極のそれぞれから気体が発生した。あとの問いに答えなさい。

図1

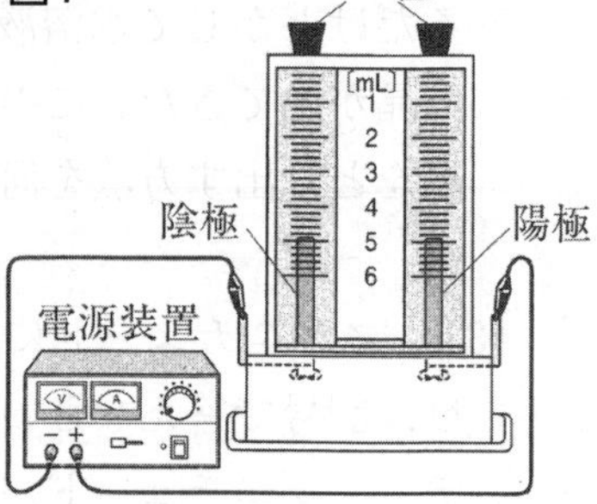

□　(1)　水に水酸化ナトリウムをとかして電気分解するのはなぜか，次のア～エから1つ選び，記号で答えなさい。

ア　水に電流が流れやすくするため。

イ　水の温度が上がらないようにするため。

ウ　水の温度が下がらないようにするため。

エ　水の体積が増えないようにするため。

□　(2)　陽極側に発生した気体を確かめる方法として最も適切なものを，次のア～エから1つ選び，記号で答えなさい。

ア　気体を，石灰水に通す。

イ　気体に，マッチの火を近づける。

ウ　気体に，火のついた線香を近づける。

エ　気体に，水でうすめたインクにひたしたろ紙を近づける。

□　(3)　次の式は，水を電気分解させたときの化学反応式である。①，②の（　）にあてはまる化学式をそれぞれ答えなさい。

$2H_2O$　→　$2($　①　$)+($　②　$)$

□　(4)　実験後，陰極側には気体が$2.0cm^3$集まっていた。このとき，陽極側に集まっていた気体の体積として最も適切なものを，次のア～エから1つ選び，記号で答えなさい。

ア　$0.5cm^3$　　イ　$1.0cm^3$　　ウ　$2.0cm^3$　　エ　$4.0cm^3$

3 抵抗の大きさと電力の関係を調べるために，電熱線①，②を用いて，次の実験を行った。あとの問いに答えなさい。

【実験Ⅰ】 図1のような直列回路をつくり，電源装置の電圧を6.0Vとした。スイッチを入れ，電熱線②にかかる電圧の大きさと回路全体に流れる電流の大きさを測定した。図2は，測定したときの電圧計と電流計を示している。

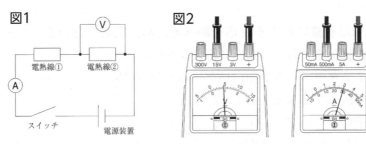

【実験Ⅱ】 図3のような並列回路をつくり，電源装置の電圧を6.0Vとした。スイッチを入れ，電熱線②にかかる電圧の大きさと回路全体に流れる電流の大きさを測定した。

□ (1) 【実験Ⅰ】で，電熱線②にかかる電圧の大きさと回路全体に流れる電流の大きさの組み合わせとして，最も適切なものはどれか。次のア～カから1つ選び，記号で答えなさい。

	電圧の大きさ	電流の大きさ
ア	0.9V	30mA
イ	0.9V	300mA
ウ	0.9V	3A
エ	4.5V	30mA
オ	4.5V	300mA
カ	4.5V	3A

□ (2) 【実験Ⅰ】で，電熱線①の抵抗の大きさは何Ωか。次のア～カから1つ選び，記号で答えなさい。

ア 3.75Ω　　イ 5Ω　　ウ 15Ω　　エ 20Ω

□ (3) 【実験Ⅱ】で，回路全体に流れる電流の大きさとして，最も適切なものはどれか。次のア～カから1つ選び，記号で答えなさい。

ア 80mA　　イ 120mA　　ウ 160mA　　エ 0.4A　　オ 1.2A　　カ 1.6A

□ (4) 【実験Ⅰ】，【実験Ⅱ】の回路において，次の電熱線のうち，消費する電力が最も大きいものはどれか。次のア～カから1つ選び，記号で答えなさい。

ア 【実験Ⅰ】の電熱線①　　イ 【実験Ⅰ】の電熱線②

ウ 【実験Ⅱ】の電熱線①　　エ 【実験Ⅱ】の電熱線②

4 KさんとWさんは刺激に対する反応を調べるため，実験を行いました。これに関する先生との会話文を読んで，あとの問いに答えなさい。

Kさん：昨日，インターネットで面白いゲームを見つけWさんと実験してみました。「反射神経を試す」という名前のゲームで，ₐパソコンの画面上に赤い円が表示されており，時間がたち円の色が黄色に変化したら，すばやくマウスをクリックして，その反応時間を測るというものです。

先　生：二人の反応時間の平均は，それぞれどのくらいでしたか。

Wさん：5回行ったときの反応時間の平均が画面に表示されるのですが，私は平均で0.22秒，Kさんは平均で0.25秒でした。

先　生：二人ともすごいじゃないですか。

Kさん：ところで，このゲームは，「反射神経を試す」とありますが，反射神経は，体のどこにあるのですか。

先　生：私たちの体の中にある神経は，中枢神経と末しょう神経の二つに分けられますが，反射神経という神経はありません。ᵦ反射とは，例えば熱いものにふれたとき，思わず手をひっこめるというような反応をいいます。

Wさん：そうすると，今回の実験は反射を試す実験ではないのですか。

先　生：そうです。今回の実験では，画面上の円の色が変わったことを見て，マウスをクリックしているので反射とは違います。一般に，反射とは刺激に対して　X　反応のことなのです。

□ (1) 図は，ヒトの目の断面を示したものである。光の刺激を受けとる細胞（感覚細胞）は，①～④のどの部分にあるか。また，その部分の名称はなにか。最も適切な組み合わせはどれですか。次のア～クから1つ選び，記号で答えなさい。

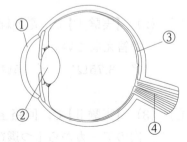

	場所	名称		場所	名称
ア	①	水晶体	イ	①	角膜
ウ	②	角膜	エ	②	水晶体
オ	③	視神経	カ	③	網膜
キ	④	網膜	ク	④	視神経

☐ (2)　会話文中の下線部aについて，筋肉で反応が起こるまでの刺激や命令などの信号の伝わり方として最も適切なものはどれか。次のア～キから1つ選び，記号で答えなさい。

　　ア　刺激→感覚神経→大脳→せきずい→運動神経→筋肉

　　イ　刺激→感覚神経→せきずい→運動神経→筋肉

　　ウ　刺激→運動神経→大脳→せきずい→感覚神経→筋肉

　　エ　刺激→運動神経→せきずい→大脳→せきずい→感覚神経→筋肉

　　オ　刺激→運動神経→せきずい→感覚神経→筋肉

　　カ　刺激→せきずい→感覚神経→運動神経→筋肉

　　キ　刺激→大脳→せきずい→感覚神経→運動神経→筋肉

☐ (3)　会話文中の下線部bのような反応が起こる場合の経路として正しいものはどれですか。(2)の選択肢から1つ選び，記号で答えなさい。

☐ (4)　会話文中の　X　にあてはまる最も適切なことばはどれか。次のア～エから1つ選び，記号で答えなさい。

　　ア　瞬間的に起こる　　イ　意識的に起こる

　　ウ　無意識に起こる　　エ　反応しない

5　次の文章を読み，以下の各問に答えなさい。

　天文が好きなDくんは，学校で行う探究活動のテーマを「太陽と月」に決め，次のような観察を行った。

[観察1]

　太陽の表面のようすを調べるために，夏のある日に札幌にある学校の屋上で次の1~3の手順で観察を行いました。

手順1　図1のように，天体望遠鏡にしゃ光板と太陽投影板をとりつけ，直径10cmの円を描いた記録用紙を太陽投影板の上に固定した。また，ファインダーの対物レンズにふたをした。

手順2　天体望遠鏡を太陽に向け，投影された太陽の像が記録用紙に描いた円と同じ大きさになるように，太陽投影板と記録用紙の位置を調整した。

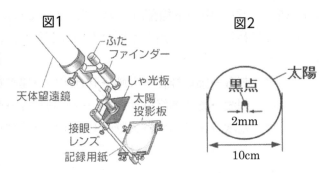

手順3　太陽の像が記録用紙に映った。そして，黒点の位置と形を太陽投影板上の記録用紙にすばやくスケッチした。

□　(1)　天体望遠鏡で月を観察するときは接眼レンズを直接のぞくが，太陽の表面を観察するときは接眼レンズを直接のぞいてはいけない。その理由を説明した文章として最も適切なものを次のア～エから1つ選び，記号で答えなさい。

　　ア　接眼レンズを直接のぞくと黒点の数が実際よりも多く見えるから。

　　イ　太陽を観察するときは対物レンズをのぞく方が見やすいから。

　　ウ　望遠鏡内の空気が安定しないから。

　　エ　太陽光により目を傷めるから。

□　(2)　図2に示すように，太陽投影板に映る太陽の像の直径が10cmのとき，黒点の像の直径は2mmであった。この黒点の実際の直径は，地球の直径のおよそ何倍か，最も適切なものを次のア～オから1つ選び，記号で答えなさい。ただし，太陽の直径は地球の直径の109倍とする。

　　ア　0.2倍　　イ　0.5倍　　ウ　1倍　　エ　2倍　　オ　5倍

[観察2]

　月の満ち欠けのようすを調べるために，冬のある日に札幌にある学校のグラウンドで月の観察を行った。図3は，ある日に南中した月をスケッチしたものである。また，別の日

46

に観察したところ「皆既月食」を見ることができた。

また，図4は静止させた状態の地球を北極点の真上から見たときの，地球と月の位置関係を模式的に示したものである。

図3

図4

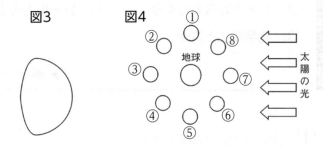

(3) 図3の形に見える月の位置は図4の①～⑧の中のいずれの位置か，最も適切なものを次のア～クから1つ選び，記号で答えなさい。
ア ①　　イ ②　　ウ ③　　エ ④
オ ⑤　　カ ⑥　　キ ⑦　　ク ⑧

(4) 月食について説明した文として最も適切なものを次のア～カから1つ選び，記号で答えなさい。
ア 月食は新月のときに起こる。
イ 皆既月食は，月と太陽の見かけの大きさが同じであるために起こる。
ウ 月食は，月の東側(左側)から欠け始め，西側(右側)から明るくなる。
エ 日本で月食を観測できる機会が年に2回程度に限られているのは，それ以外のときは昼間に観測しにくいからである。
オ 皆既月食中に月が赤銅色に見えることから，月は赤い光を発していることがわかる。
カ 月食中に見える欠けた部分(暗い部分)は地球の影である。

(5) 皆既月食のとき，月から太陽を観察したとすると，月で観測される現象として最も適切なものを次のア～オから1つ選び，記号で答えなさい。
ア ふだんよりも直径の大きい太陽が見える。
イ 皆既日食が見える。
ウ 地球が半分欠けて見える。
エ 太陽の黒点が移動しているように見える。
オ 太陽の表面に水星の影が見える。

65

第6回

出 題 の 分 類

① 独立小問
② ヒトの呼吸のしくみ
③ 化学変化と質量

④ 地層と岩石
⑤ レール上の小球の運動

時　　間：50分
目標点数：80点

▶ 解 答・解 説 は P.113

1回目	／100
2回目	／100
3回目	／100

1　次の各問いに答えなさい。

□　(1)　以下の文章はユリを観察した結果をまとめたものである。空欄に入る語の組み合わせとして正しいものを，次のア～クから1つ選び，記号で答えなさい。

　　ユリを観察したところ，子葉の数は（　①　）であった。また，葉脈は（　②　）で，根の形態は（　③　）から成っていた。

	①	②	③		①	②	③
ア	1枚	網状脈	主根と側根	オ	2枚	網状脈	主根と側根
イ	1枚	網状脈	ひげ根	カ	2枚	網状脈	ひげ根
ウ	1枚	平行脈	主根と側根	キ	2枚	平行脈	主根と側根
エ	1枚	平行脈	ひげ根	ク	2枚	平行脈	ひげ根

□　(2)　図1は，日本のある地点で気象観測を行った結果を表した天気図記号である。この天気図記号から読み取れるこの地点の天気・風向・風力として最も適切なものを次のア～エからそれぞれ1つずつ選び，記号で答えなさい。

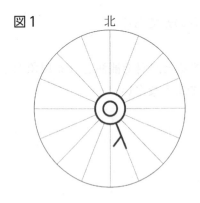

図1　　　　北

①　天気
　ア　快晴　　イ　晴れ
　ウ　曇り　　エ　雨
②　風向
　ア　東南東　　イ　南南西
　ウ　西南西　　エ　南南東
③　風力
　ア　0　　イ　1
　ウ　2　　エ　3

□ (3)　図2のように，亜鉛板と銅板をうすい塩酸の中に入れ，光電池用モーターを亜鉛板と銅板に導線でつないだところ，モーターに取り付けたプロペラが回転した。あとの問いに答えなさい。

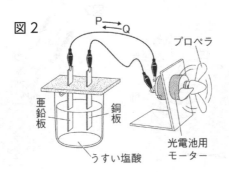

図2

プロペラが回転しているとき，亜鉛板で起こった化学変化について述べた文として正しいものを，次のア～エから1つ選び，記号で答えなさい。
ア　亜鉛が電子を受けとって陰イオンとなり，うすい塩酸中に溶け出した。
イ　亜鉛が電子を受けとって陽イオンとなり，うすい塩酸中に溶け出した。
ウ　亜鉛が電子を放出して陰イオンとなり，うすい塩酸中に溶け出した。
エ　亜鉛が電子を放出して陽イオンとなり，うすい塩酸中に溶け出した。

□ (4)　次の発電方式の中から，タービンを回さずに発電するものを次のア～キからすべて選び，記号で答えなさい．
ア　火力発電　　イ　水力発電　　ウ　太陽光発電　　エ　原子力発電
オ　風力発電　　カ　地熱発電　　キ　燃料電池発電

2 ヒトの肺のしくみについて調べた。図1は肺呼吸に関係するつくり，図2は肺の内部
のつくりを模式的に表したものである。あとの問いに答えなさい。

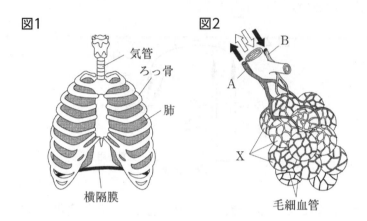

図1
気管
ろっ骨
肺
横隔膜

図2
B
A
X
毛細血管

□ (1) 次の文は息を吸うときのしくみについて説明している。①〜③にあてはまる語句
をア，イからそれぞれ1つずつ選び，記号で答えなさい。

> 息を吸うときは，①[ア　ろっ骨の間　　イ　肺]にある筋肉によって，ろっ骨が
> ②[ア　引き上げられ　　イ　引き下げられ]，横隔膜が③[ア　上がる　　イ　下がる]
> ことで肺がふくらむ。

□ (2) 肺の中に無数にある図2の袋Xを何というか答えなさい。

□ (3) 図2の➡は血液の流れを示している。Aの血管の名称とBの血管につながる心臓の
部屋の名称の正しい組み合わせを次のア〜エから1つ選び，記号で答えなさい。

	Aの血管の名称	Bの血管につながる心臓の部屋
ア	肺動脈	左心室
イ	肺動脈	右心室
ウ	肺静脈	左心室
エ	肺静脈	右心室

□ (4) 図2の➡は気体の流れを示している。表はヒトの吸う息とはく息にふくまれる水
蒸気以外の気体の体積の割合(%)を表している。

表

気　体	吸う息にふくまれる割合［％］	はく息にふくまれる割合［％］
窒　素	79.0	79.2
酸　素	20.9	15.9
その他の気体	0.1	4.9

① 1分間の呼吸で6.0Lの気体を吸収し，同じ量の気体を排出するとき，1時間で何L
の酸素が血液中に取り込まれたことになるか，表をもとに答えなさい。

② 血液によって体の細胞に運ばれた酸素は，栄養分を分解して生命活動のためのエ
ネルギーを取り出すときに消費される。エネルギー源として一般的に利用している
のは炭水化物（ブドウ糖）である。ブドウ糖だけを分解してエネルギーを取り出すと
き，ブドウ糖，消費される酸素，排出される二酸化炭素，水の質量の関係は次の式
になる。

　　ブドウ糖(180g)＋酸素(192g)→二酸化炭素(264g)＋水(108g)＋エネルギー

　細胞に運ばれた酸素が，すべてブドウ糖の分解に消費されたとすると，1日あた
り何gのブドウ糖が分解されることになるか。1gの酸素は750mLとし，運ばれた酸
素の量は①の体積を用いて答えなさい。

③ 実際にエネルギー源として利用されるのは炭水化物だけでなく，タンパク質や脂
肪も分解されてエネルギーに変えられる。炭水化物，脂肪，タンパク質では，分解
されるときに消費される酸素と，排出される二酸化炭素の体積の割合がそれぞれ異
なる。たとえば，エネルギー源としてタンパク質が分解されると，最終的に尿中に
窒素をふくむ尿素が排出される。このとき尿素中の窒素1gにつき6.0Lの酸素が吸
収され，4.8Lの二酸化炭素が排出されている。

　呼吸によって消費された酸素が428.0L,排出された二酸化炭素が380.4Lであり，
その間に排出された尿素中の窒素が8gであったとき，炭水化物と脂肪を分解する
ために消費された酸素と，排出された二酸化炭素の体積はそれぞれ何Lか答えなさ
い。ただし，呼吸によって吸収された酸素と排出された二酸化炭素は，すべて栄養
分の分解だけに関係したものとする。

3　未知の粉末A～Eがある。これらの物質の種類を特定するために，次の 実験1 ～ 実験3 を行った。ただし，粉末A～Eは，鉄，マグネシウム，炭酸水素ナトリウム，酸化銅，酸化銀のいずれかである。あとの問いに答えなさい。

実験1

ステンレス皿

ガスバーナー

右図の装置を用いて，A～Eそれぞれの粉末1.00gをステンレス皿に広げて十分に加熱したところ，粉末Aだけが激しく光を出して燃えた。下表はそれぞれの粉末を加熱した後にステンレス皿の中に残った物質の質量をまとめたものである。

粉末	A	B	C	D	E
物質の質量[g]	1.60	0.95	0.63	x	1.00

実験2

下図の装置を用いて，粉末Bを加熱して発生した気体と，粉末Cを加熱して発生した気体をそれぞれ別々の試験管に集めた。

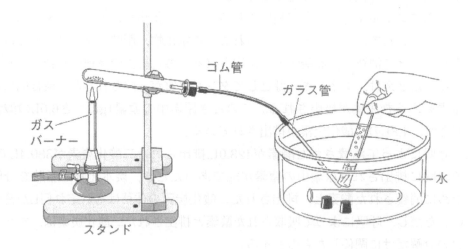

ゴム管　　　ガラス管

ガスバーナー

スタンド

水

実験3

実験2で気体を集めた試験管それぞれに石灰水を入れて振ったところ，下線部の気体を集めた試験管内の石灰水のみが白くにごった。

□ （1） 粉末A〜Eのうち，鉄と酸化銅の組み合わせとして最も適当なものを次のア〜クから1つ選び，記号で答えなさい。

ア	粉末A	粉末B
イ	粉末A	粉末C
ウ	粉末B	粉末A
エ	粉末C	粉末D
オ	粉末C	粉末E
カ	粉末D	粉末A
キ	粉末D	粉末E
ク	粉末E	粉末C

□ （2） 粉末Dは酸素と「粉末：酸素＝7：3」の質量比で化合することがわかっている。実験1の表中のxにあてはまる数値として最も適当なものを次のア〜オから1つ選び，記号で答えなさい。

ア　0.59　　イ　0.70　　ウ　1.43　　エ　1.70　　オ　2.33

□ （3） 実験2の下線部と同じ気体が発生する方法として最も適当なものを次のア〜エから1つ選び，記号で答えなさい。

ア　二酸化マンガンにうすい過酸化水素水を加える。
イ　亜鉛にうすい塩酸を加える。
ウ　酸化銅に炭素の粉末を混ぜて加熱する。
エ　塩化アンモニウムと水酸化カルシウムの混合物を加熱する。

□ （4） 粉末Bを加熱したときに発生した気体の名称と確認方法の組み合わせとして最も適切なものを次のア〜クから1つ選び，記号で答えなさい。

	気体の名称	確認方法
ア	水素	マッチの火を近づけたらポンと音を立てる。
イ	水素	水に溶かしてフェノールフタレイン溶液を入れたら赤くなる。
ウ	アンモニア	水に溶かしてフェノールフタレイン溶液を入れたら赤くなる。
エ	アンモニア	線香の火を入れると，火花を上げて燃える。
オ	酸素	線香の火を入れると，火花を上げて燃える。
カ	酸素	水に溶かしてBTB溶液を入れたら黄色になる。
キ	塩化水素	水に溶かしてBTB溶液を入れたら黄色になる。
ク	塩化水素	マッチの火を近づけたらポンと音を立てる。

□ (5) 粉末Aを80％，不純物を20％ふくむ粉末2.5gを十分に加熱したとき，加熱後のステンレス皿に残った粉末の質量として最も適切なものを次のア～オから１つ選び，記号で答えなさい。ただし，不純物は加熱しても反応しないものとする。

ア　3.1g　　イ　3.2g　　ウ　3.7g　　エ　4.0g　　オ　5.0g

4　Sさんは，マグマが冷え固まってできた火成岩について調べた。これに関する先生との会話文を読んで，あとの問いに答えなさい。

Sさん　：マグマが冷え固まってできた火成岩には，様々な種類があることがわかりました。

先　生：それは，どのような違いで分けられているのでしょうか。

Sさん　：図のように，マグマに含まれる鉱物の割合やマグマの冷え方で分けられています。

| 火山岩 | ① 岩 | ② 岩 | ③ 岩 |
| 深成岩 | ④ 岩 | ⑤ 岩 | ⑥ 岩 |

| 鉱物の割合 | セキエイ　　チョウ石　　カクセン石　キ石　クロウンモ　　カンラン石 |
| 岩石の色 | 白っぽい ←――――――→ 黒っぽい |

先　生：その通りです。マグマは地下のとても深い場所で固体が溶けてできます。固体がマグマになると　⑦　ため，しだいに上昇してマグマだまりをつくります。

Sさん　：マグマだまりで，マグマはゆっくり冷え，有色鉱物では，まず aカンラン石が結晶になり，キ石，カクセン石，クロウンモの順で結晶になります。結晶になっていないマグマに含まれる成分は，冷えて固まったときにガラス質のセキエイになる成分の割合が多くなります。そして，結晶は重いため下へ沈みます。

先　生：そうですね。例えば，マグマの温度が下がってカンラン石とキ石の大部分が結晶になり，マグマだまりの下の方に沈んだとき，マグマだまりの上の方にあるマグマが，火口から吹き出すと　②　岩質の溶岩になり，地表近くで冷えて固まると　②　岩になるわけです。

Sさん　：そのとき，マグマだまりの上の方にあるマグマが，ゆっくりと冷え固まると　⑤　岩になるわけですね。

先　生：そうです。マグマだまりのマグマの温度がほとんど下がらないで火口から吹き出

すと ③ 岩質の溶岩になります。

Sさん：わかりました。冷えて固まったときに白っぽい岩石になるマグマほど，温度が ⑧ ，ねばりけが ⑨ ので，つくる火山の形は ⑩ になるのですね。

先　生：その通りです。今度は，ₐ火山の噴火について調べてみましょう。

□ （1）　会話文中の ⑦ にあてはまることばとして最も適切なものを，次のア～エから1つ選び，記号で答えなさい。

　ア　体積が大きくなる　　イ　密度が大きくなる
　ウ　温度が高くなる　　　エ　質量が小さくなる

□ （2）　下線部aの見分け方として最も適切なものを，次のア～カから1つ選び，記号で答えなさい。

　ア　黄緑色～褐色で，丸みをおびた短い柱状である。
　イ　黄緑色～褐色で，長い柱状か針状である。
　ウ　黄緑色～褐色で，不規則な形をしている。
　エ　濃い緑色～黒色で，丸みをおびた短い柱状である。
　オ　濃い緑色～黒色で，長い柱状か針状である。
　カ　濃い緑色～黒色で，不規則な形をしている。

□ （3）　前のページの図や会話中の ② ， ③ ， ⑤ にあてはまることばとして最も適切なものを，次のア～クからそれぞれ1つずつ選び，記号で答えなさい。

　ア　斑れい　　イ　凝灰　　ウ　玄武　　エ　花こう　　オ　せん緑
　カ　流紋　　キ　石灰　　ク　安山

□ （4）　会話文中の ⑧ ， ⑨ ， ⑩ にあてはまることばの組み合わせとして最も適切なものを，次のア～クから1つ選び，記号で答えなさい。

　ア　⑧：高く　⑨：強い　⑩：傾斜のゆるやかな形
　イ　⑧：高く　⑨：強い　⑩：おわんを伏せたような形
　ウ　⑧：高く　⑨：弱い　⑩：傾斜のゆるやかな形
　エ　⑧：高く　⑨：弱い　⑩：おわんを伏せたような形
　オ　⑧：低く　⑨：強い　⑩：傾斜のゆるやかな形
　カ　⑧：低く　⑨：強い　⑩：おわんを伏せたような形
　キ　⑧：低く　⑨：弱い　⑩：傾斜のゆるやかな形
　ク　⑧：低く　⑨：弱い　⑩：おわんを伏せたような形

□　(5)　下線部bで，噴火のときに出される火山噴出物について述べた文として適切でないものを，次のア～エから１つ選び，記号で答えなさい。

　　ア　軽石の表面にはたくさんの穴が空いている。

　　イ　日本の火山が吹き上げた火山灰は，火口から西の方角に広がることが多い。

　　ウ　火山ガスには水蒸気のほかに二酸化炭素なども含まれる。

　　エ　岩石や火山灰が高温のガスとともに流れ下る現象を火砕流（かさいりゅう）という。

[5] レールAB，BC，CDの3本を図1のように配置し，その上を小球が運動する実験を行った。レールBCは水平面に接しており，レールAB，BC，CDはなめらかに接続していて，小球はレール上を運動した。あとの問いに答えなさい。ただし，小球の大きさおよび小球とレールとの間にはたらく摩擦力は無視できるものとする。

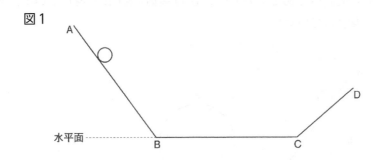

【実験1】 レールAB上のある点に小球を置き，静かに手を離した。その後，小球はレールCD上を上がっていき，レールの外へ飛び出した。

☐ (1) 【実験1】において，レールBC上で小球が受ける力として最も適切な図はどれか。次のア～エから1つ選び，記号で答えなさい。

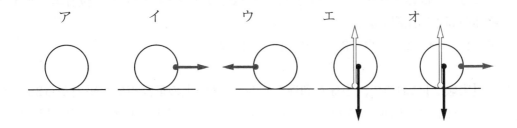

☐ (2) 【実験1】において，小球がレールの外へ飛び出した後の運動のようすとして最も適切なものはどれか。次のア～エから１つ選び，記号で答えなさい。

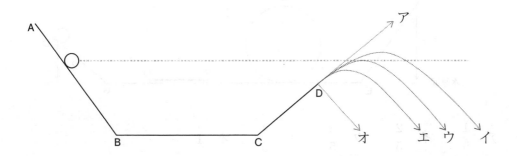

【実験2】 図2のようにレールBCを円形レールEFGに取り換え，PQ間には薄い布を貼った。図2のレールで【実験1】と同様に小球を転がす実験を行ったところ，小球は脱線することなくレール上を運動し，Gを通過したのちDへ到達することなく折り返した。このとき，小球を転がした点の水平面からの高さは5mで，Fは円形レールの最高点である。ただし，図は装置の概形を表していて，実際の大きさを正しく表示していない。

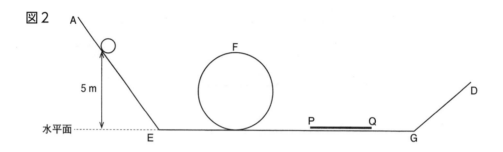

図2

□ (3) 【実験2】において，Fでの運動エネルギーの大きさは，小球を転がした点の位置エネルギーの $\frac{1}{5}$ の大きさとなった。このとき，Fの水平面からの高さは何mか。最も適切なものを次のア〜クから1つ選び，記号で答えなさい。ただし，位置エネルギーは物体の高さに比例する。

　ア　1　　イ　2　　ウ　3　　エ　4　　オ　5

□ (4) 【実験2】において，小球が到達したレールGD上の最高点は水平面から2mの高さだった（図3）。PQ間で摩擦力がした仕事の大きさは小球を転がした点で持っていた位置エネルギーの何倍か。最も適切なものを次のア〜オから1つ選び，記号で答えなさい。

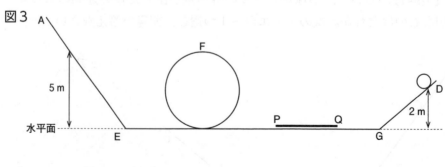

図3

　ア　$\frac{1}{5}$　　イ　$\frac{2}{5}$　　ウ　$\frac{3}{5}$　　エ　$\frac{4}{5}$　　オ　1

【実験3】　図2のレールを使い，図4のようにボールを転がす位置をさらに高くして【実験1】と同様の実験を行った。

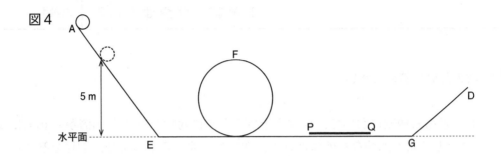

□　(5)　【実験3】において，小球を転がした位置がAと同じ高さのとき，小球はDに到達することなく折り返したのち，円形レール上のFで運動エネルギーをすべて失い脱線した。このときのAの高さは何mか最も適切なものを次のア～オから1つ選び，記号で答えなさい。

ア　7.5　　イ　10　　ウ　12.5　　エ　15　　オ　17.5

出 題 の 分 類

① 独立小問

② 人の体のつくりー消化・吸収

③ 酸とアルカリー塩酸と水酸化

ナトリウム水溶液の中和

④ 地震

⑤ 電流と発熱

▶ 解 答 ・ 解 説 は P.117

① 次の問いに答えなさい。

□ (1) 顕微鏡観察において，倍率を上げるために対物レンズを10倍から40倍に変える操作として最も適切なものはどれか。次のア～オから1つ選び，記号で答えなさい。

ア 視野が狭くなるので見えるものが視野の中央にくるようにしてから，レボルバーを回して反射鏡で光の強さを調節する。

イ 視野が広くなるので見えるものが視野の中央にくるようにしてから，レボルバーと調節ねじを回して合わせる。

ウ 視野全体が暗くなるので，レボルバーを回してからしぼりの穴を狭くしたり，反射鏡で光の強さを調節したりしてピントを合わせ直す。

エ 視野全体が明るくなるので，レボルバーを回してからしぼりの穴を狭くしたり，反射鏡で光の強さを調節したりしてピントを合わせ直す。

オ 一度プレパラートをステージからおろし，レボルバーを回してからプレパラートをステージにのせ直してピントを合わせる。

□ (2) 吸熱反応について述べた文として最も適切なものを，次のア～エから1つ選び，記号で答えなさい。

ア 熱を外部に放出するため周囲の温度が下がる化学変化である。

イ 熱を外部に放出するため周囲の温度が上がる化学変化である。

ウ 熱を外部から吸収するため周囲の温度が下がる化学変化である。

エ 熱を外部から吸収するため周囲の温度が上がる化学変化である。

□ (3) 下の文中の(①)～(③)に適する語句について，最も適切な組み合わせを次のア～カから1つ選び，記号で答えなさい。

季節を代表する星座は，地球から考えて太陽と(①)側に見える。その星座を北半球で同じ時刻に観測すると，日を追うごとに(②)の方角に移動していくように見える。南半球でオリオン座を観測した場合，その動きは(③)に見える。

	（①）	（②）	（③）
ア	同じ	東	時計回り
イ	反対	西	反時計回り
ウ	同じ	西	反時計回り
エ	反対	東	時計回り
オ	同じ	東	反時計回り
カ	反対	西	時計回り

□ （4） 図のように，おもりをばねの一端につけ，ばねのもう一端を天井に固定してつる
したところ，ばねが少し伸びた状態でおもりとばねは静止した。ばねは非常に軽く，
重さを考えなくてよい。次のA～Fにあげた力の中で，つり合いの関係にある2つの
力の組み合わせとして正しいものを，下のア～
カから1つ選び，記号で答えなさい。

A おもりにはたらく重力
B おもりが天井を引く力
C 天井がおもりを引く力
D おもりがばねを引く力
E 天井がばねを引く力
F ばねが天井を引く力

ア AとB　　イ BとC　　ウ CとD
エ DとE　　オ EとF　　カ FとA

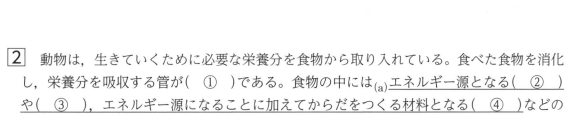

2　動物は，生きていくために必要な栄養分を食物から取り入れている。食べた食物を消化
し，栄養分を吸収する管が（　①　）である。食物の中には(a)エネルギー源となる（　②　）
や（　③　），エネルギー源になることに加えてからだをつくる材料となる（　④　）などの
栄養分が含まれており，これらの栄養分は三大栄養素と言われている。
　三大栄養素は，大きな分子でできていることが多く，このままでは(b)小腸の壁にみら
れるひだの表面の突起である（　⑤　）から吸収することができないため，（①）から出さ
れる（　⑥　）のはたらきで，小さな分子に分解される。（②）の一つであるデンプンは(c)
アミラーゼなどの（　⑦　）がはたらいて分解される。（③）は（　⑧　）のはたらきで，水に
混ざりやすい状態になり，さらに(d)リパーゼがはたらいて分解される。（④）は，(e)ペプ
シンや(f)トリプシンなどの（⑦）のはたらきによって，（　⑨　）に分解される。あとの問い
に答えなさい。

□ (1) ①，②，⑤，⑨にあてはまる適語を答えなさい。

□ (2) 下線部(a)について，細胞は②，③，④などを分解してエネルギーを取り出している。このはたらきを何というか。

□ (3) 栄養分は，下線部(b)で吸収されたのち，毛細血管やリンパ管に吸収される。リンパ管に吸収される物質を，②〜④からすべて選び，記号で答えなさい。

□ (4) 下線部(c)，(d)，(e)，(f)は⑥にふくまれている⑦である。(c)，(f)はそれぞれ体内のどこでつくられるか。また，(d)，(e)はどこから出されるか（分泌されるか）。図のア〜カから1つずつ選び，記号で答えなさい。ただし，同じ記号を何度選んでもよい。

□ (5) ⑦をふくまない⑥の名称を1つ答えなさい。

□ (6) ⑧は体内のどこでつくられるか。図のア〜カから1つ選び，記号で答えなさい。

□ (7) 腸のつくりと長さには，動物の食べ物の種類に応じて違いがみられる。体長に対する腸の長さを，ウマ，ライオン，ヒトで比較すると，どのような関係になるか。次のア〜カから1つ選び，記号で答えなさい。
ア　ウマ＞ライオン＞ヒト
イ　ウマ＞ヒト＞ライオン
ウ　ライオン＞ウマ＞ヒト
エ　ライオン＞ヒト＞ウマ
オ　ヒト＞ウマ＞ライオン
カ　ヒト＞ライオン＞ウマ

3 酸とアルカリの性質を調べるために，水溶液X，Yとマグネシウムを用意し，次の手順で実験を行った。なお，水溶液X，Yは，うすい塩酸またはうすい水酸化ナトリウム水溶液のいずれかである。
【手順Ⅰ】 図のように，それぞれ異なる量の水溶液Xを，別々の試験管A〜Eに入れた。
【手順Ⅱ】 試験管A〜Eに，$5cm^3$の水溶液Yを少しずつ加えながらよく振り混ぜた。
【手順Ⅲ】 試験管A〜Eに，マグネシウム0.10gを加えた。すると，A〜Dでは気体が発生

したが，Eでは発生しなかった。

【手順Ⅳ】　試験管A～Dで気体が発生しなくなったあと，マグネシウムが残っている試験管からマグネシウムを取り出し，質量を測定した。表はその結果をまとめたものである。なお，Aではマグネシウムが残っていなかった。

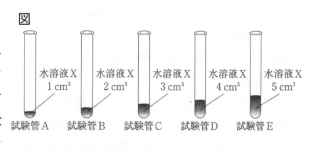

図

試験管	A	B	C	D	E
残ったマグネシウムの質量[g]	0.00	0.02	0.05	0.08	0.10

□ (1)　【手順Ⅱ】で，試験管Bの水溶液中の陰イオンの数と水溶液Yの加えた量との関係を表すグラフとして，最も適切なものはどれか。次のア～エから1つ選び，記号で答えなさい。

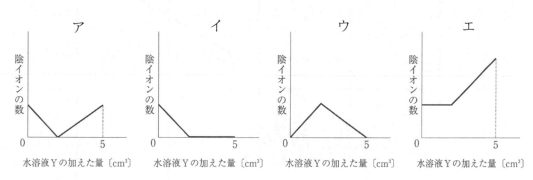

□ (2)　【手順Ⅲ】で発生した気体は何か。次のア～エから1つ選び，記号で答えなさい。
　　ア　水素　　イ　酸素　　ウ　二酸化炭素　　エ　アンモニア

□ (3)　【手順Ⅳ】の試験管Aの水溶液中の水素イオンの数をN_1，【手順Ⅲ】の試験管Eの水溶液中の水素イオンの数をN_2，$5cm^3$の水溶液Y中の水素イオンの数をN_3としたとき，N_1，N_2，N_3の関係を表したものとして，最も適切なものはどれか。次のア～エから1つ選び，記号で答えなさい。
　　ア　$N_1>N_2>N_3$　　イ　$N_1>N_3>N_2$　　ウ　$N_2>N_1>N_3$　　エ　$N_3>N_1>N_2$

□ (4)　【手順Ⅳ】のあと，試験管Aにマグネシウム0.10gをさらに加え，じゅうぶんに時間がたってから，残ったマグネシウムの質量を測定すると何gになるか。次のア～エから1つ選び，記号で答えなさい。
　　ア　0.07g　　イ　0.08g　　ウ　0.09g　　エ　0.10g

4 　図1は，ある地震について震源からの距離が20km,65km,110kmの地点の地震計で記録した波形をそれぞれ示したものである。また，直線aは初期微動が始まった時刻を，直線bは主要動か始まった時刻を結んだ直線で，2種類の地震波の到達時刻と震源からの距離の関係を示したものである。

　図1の地震では，（　①　）が発表されていた。（　①　）は，地震発生後に震源付近の観測点のデータを元にできる限り早く震源や規模を推定し，予想された各地の震度や到達時刻をテレビやラジオ，及び携帯電話を通じて提供する地震の予報，警告である。（　①　）の発表は，二つ以上の観測点で地震波が検出され，予想される最大震度が5弱以上となる地震が対象となる。図2は，地震発生から（　①　）の発表までの流れを示している。

図1

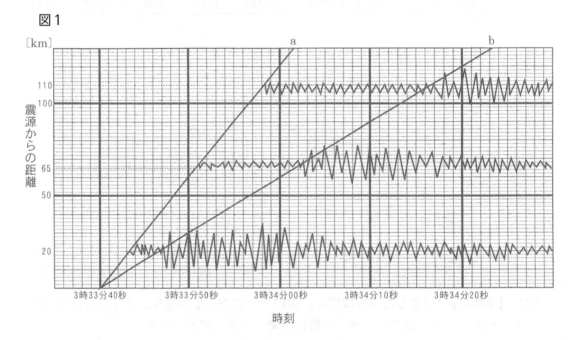

図2

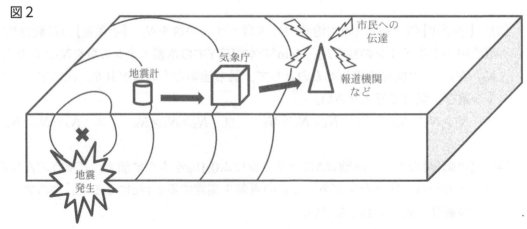

☐ (1)　（①）に入る語句を漢字で答えなさい。また（①）は，P波またはS波のどちらの到着を事前に知らせる情報か答えなさい。

☐ (2)　地震の規模を表す指標を何というか。

☐ (3)　図1より，P波及びS波の速さ［km/s］を求めなさい。割り切れない場合は，小数第2位を四捨五入して小数第1位まで答えなさい。

☐ (4)　震源からの距離と，初期微動が到着してから主要動が到着するまでの時間（初期微動継続時間）の関係を示したグラフとして最も適切なものを，次のア〜カから1つ選び，記号で答えなさい。

☐ (5)　日本付近で発生する地震は，震源が地表から数kmの浅い場合と，震源が地表から数百kmの深い場合がある。両者の地震において，初期微動が始まった時刻を地上で観測し，時刻が同じ地点を線で結んで表した模式図として最も適切なものを，次のア〜ウからそれぞれ1つずつ選び，記号で答えなさい。図の円の中心が震央であり，円の間隔は10秒おきにとってある。また，地中を地震波が伝わる速さは場所によらず一定であるとする。解答は同じ記号を答えてもよい。

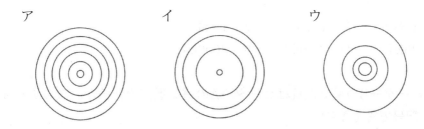

☐ (6)　図1の地震において，ある地点で観測した初期微動継続時間をt［秒］，その地点の震源からの距離をd［km］とする。dについてtを用いて表した次の式の◻に入る適切な数値を整数，または分数で答えなさい。ただし，計算の数値は(3)で解答した値を用いること。

$$d = \boxed{} \times t$$

□ (7) 図1の地震では，震源からの距離が12kmの観測点にP波が到達してから4秒後に（①）が発表されていた。震源からの距離が180kmの地点では，（①）の発表から主要動を観測するまでの時間は，何秒であったか。

5　6W,12WのヒーターA，Bを用いて，発熱量を比べる実験を行った。あとの問いに答えなさい。ただし，電源装置，導線の電気抵抗は無視できるものとする。

[実験]

Ⅰ．ポリエチレンのビーカー2個にそれぞれ100gの水を入れる。

Ⅱ．図1のような装置をつくり，加熱開始前に水温をはかった。

Ⅲ．電源装置を6Vの電圧にし，水をゆっくりかき混ぜながら，2分ごとに水温をはかった。

図1

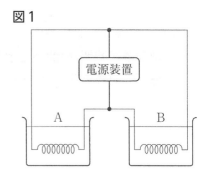

□ (1) この実験で用いた導線には銅が利用されている。銅のような金属が導体と呼ばれる理由を次のア～エから1つ選び，記号で答えなさい。

ア　電気抵抗が大きく電流が流れにくいため。

イ　電気抵抗が小さく電流が流れにくいため。

ウ　電気抵抗が大きく電流が流れやすいため。

エ　電気抵抗が小さく電流が流れやすいため。

□ (2) 5分間でヒーターAから発熱する熱量は何kJか。次のア～カから1つ選び，記号で答えなさい。

ア　1.8kJ　　イ　3.6kJ　　ウ　18kJ

エ　36kJ　　オ　1800kJ　　カ　3600kJ

□ (3) ヒーターBの電気抵抗はヒーターAの電気抵抗の何倍か。次のア～オから1つ選び，記号で答えなさい。

ア　0.25　　イ　0.5　　ウ　2　　エ　4　　オ　8

□ (4) 2つのヒーターにおける，水の温度上昇と電流を流した時間との関係を表したグラフはどれか。次のア～クから1つ選び，記号で答えなさい。ただし，発生した熱はすべて水に与えられたものとする。

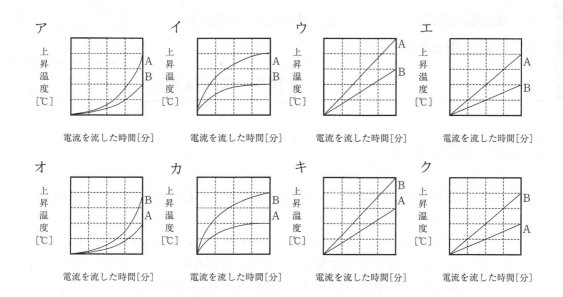

□ （5） 次に図2のように2つのヒーターをつなぎ変えて同様の実験をすると，水の温度はどうなると考えられるか。あとの文の ① ～ ③ にあてはまる語句および数値の組み合わせとして，最も適切なものを次のア～クから1つ選び，記号で答えなさい。

図2の装置では2つのヒーターを ア 列につないでいるので，回路全体を流れる電流は イ Aになり，消費電力が変化する。したがって，同じ時間電流を流したとき，水の温度上昇が大きいのは ウ のほうである。

	①	②	③
ア	直	0.67	図1
イ	直	0.67	図2
ウ	直	1.5	図1
エ	直	1.5	図2
オ	並	0.67	図1
カ	並	0.67	図2
キ	並	1.5	図1
ク	並	1.5	図2

図2

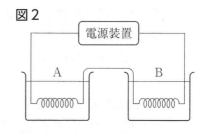

出題の分類

① 独立小問

② 鉄と硫黄の反応

③ 地球の公転と季節

④ 力の作図

⑤ 被子植物，細胞分裂

▶ 解答・解説はP.121

① 次の問いに答えなさい。

□ (1) 動物の分類に関する記述について，誤りをふくむものを次のア～エから1つ選び，記号で答えなさい。

ア 軟体動物に分類される生物は，陸上で生息するものであっても，えら呼吸を行う。

イ ホニュウ類に分類される生物は，水中で生息するものであっても，肺呼吸を行う。

ウ 甲殻類とムカデ類は，どちらも外骨格を持つ節足動物であり，脱皮して古い外骨格を脱ぎ捨てることで成長する。

エ コウモリの翼と，クジラの胸びれは，外形やはたらきが異なるが，相同器官であると考えられている。

□ (2) ある水溶液に2枚の金属板を入れて，電子オルゴールを2枚の金属板に導線でつなぐと，電子オルゴールが鳴った。このとき用いた水溶液と金属板の組み合わせとして最も適切なものを，次のア～エから1つ選び，記号で答えなさい。

ア 水溶液…砂糖水　　金属板…銅板を2枚

イ 水溶液…砂糖水　　金属板…銅板と亜鉛板

ウ 水溶液…食塩水　　金属板…銅板を2枚

エ 水溶液…食塩水　　金属板…銅板と亜鉛板

□ (3) 右図の天気図を見て，この後短時間に激しい降雨が最初に見られる地点を次のア～オから1つ選び，記号で答えなさい。

ア A　　イ B　　ウ C　　エ D　　オ E

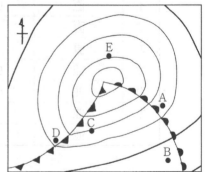

□ (4) あるヘアドライヤーは100V−1000Wと記載されていた。このヘアドライヤーを15分間使用した場合，電力量は何Jになるか。次のア～エから1つ選び，記号で答えなさい。

ア 1500J　　イ 15000J　　ウ 90000J　　エ 900000J

2 次の各問いに答えなさい。

【実験1】 鉄の粉末と硫黄の粉末の混合物を試験管に入れ，ガスバーナーで加熱した。混合物が赤色に変化し始めたところで加熱をやめても，その変化は続いた。変化が終わると，黒色の物質である硫化鉄が生じた。下図は，鉄の粉末と硫黄の粉末の両方がすべて残らず反応したときの，鉄の粉末と硫黄の粉末の質量の関係を表したグラフである。

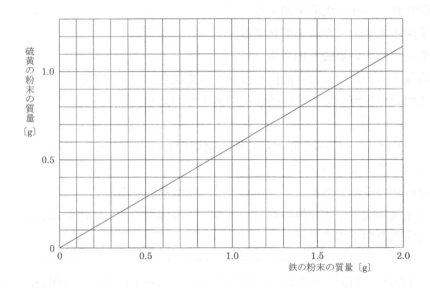

□ (1) 鉄の粉末3.5gと硫黄の粉末2.4gの混合物を加熱し，いずれか一方の物質がすべて残らずに反応したとき，生じる硫化鉄の質量は何gか。次のア〜オから，最も適切なものを選び，記号で答えなさい。
　　　ア 2.0　　イ 3.5　　ウ 3.9　　エ 5.5　　オ 5.9

□ (2) (1)で反応せずに残った物質をすべて反応させるためには，すべて残らず反応した物質を何g加えて再び加熱すればいいか。ア〜オから，最も適切なものを１つ選び，記号で答えなさい。
　　　ア 0.4　　イ 0.7　　ウ 1.0　　エ 2.4　　オ 3.5

【実験2】 気体A〜Eの性質を調べるために，下の操作１〜3を行った。気体A〜Eは，水素，酸素，二酸化炭素，窒素，アンモニアのいずれかである。
〈操作１〉 気体A〜Eを別々に一種類ずつ取った注射器に，それぞれ少量の水を入れ，密閉してよく振ったところ，気体Aと気体Bの体積が減少した。
〈操作２〉 気体A〜Eを別々に一種類ずつ取った試験管に，それぞれ水で湿らせた青色リトマス紙を入れたところ，気体Aに入れたものだけが赤色になった。

〈操作3〉 気体C～Eを別々に一種類ずつ取った試験管を用意して気体C，Dの中にそれぞれ火のついた線香を入れたところ，気体Cでは炎を上げて燃えたが，気体Dでは火が消えた。気体Eにマッチの火を近づけたところポンと音をたてて燃えた。

□ (3) 気体Bの作り方を示した文として最も適切なものはどれか。次のア～オから１つ選び，記号で答えなさい。

ア 硫化鉄にうすい塩酸を加える。

イ 炭酸水素ナトリウムを加熱する。

ウ 亜鉛にうすい塩酸を加える。

エ 塩酸アンモニウムと水酸化カルシウムを混合して加熱する。

オ 二酸化マンガンにうすい過酸化水素水を加える。

□ (4) 気体Dについて述べた文として最も適切なものはどれか。次のア～オから１つ選び，記号で答えなさい。

ア 黄緑色の気体である。　　　イ 刺激臭がある。

ウ 水上置換法で気体を集める。　エ 殺菌作用や漂白作用がある。

オ 石灰水を白く濁らせる。

□ (5) 下の表は，操作1～3で用いた気体について，20℃における1000cm³の質量をそれぞれ示したものである。20℃における空気500cm³の質量は何gになるか。次のア～オから，最も適切なものを1つ選び，記号で答えなさい。ただし，計算には下表の値を用い，空気は窒素が80％，酸素が20％の割合で存在しているものとする。

	水素	窒素	酸素	二酸化炭素	アンモニア
1000cm³の質量[g]	0.08	1.16	1.33	1.84	0.72

ア 0.50　　イ 0.60　　ウ 0.87　　エ 1.09　　オ 1.19

3 　地球の自転軸の傾きだけが，現在の地球とは異なる場合について，あとの問いに答えなさい。

【現在の地球】

図1

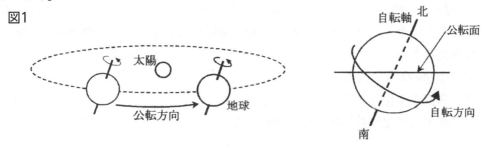

【仮定】　以下の仮定の地球を地球Aとする。
① 　この地球の自転軸は，公転面に対して垂直とする。
② 　この地球は，図2のように自転・公転している。

図2

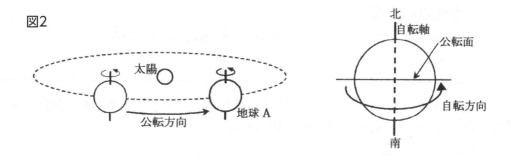

☐ （1）　地球Aが1回自転するのに要する時間は，何時間何分か答えなさい。

☐ （2）　地球Aが1回公転する間，地球Aの北緯30°の地点における日の出の方角は，現在の地球上の北緯30°の地点と比べるとどうなるか。最も適切なものを次のア〜エから選び，記号で答えなさい。
　　ア　毎日，現在の地球の夏至の日と同じ方角となる。
　　イ　毎日，現在の地球の春分・秋分の日と同じ方角となる。
　　ウ　毎日，現在の地球の冬至の日と同じ方角となる。
　　エ　現在の地球の夏至の日の方角から，冬至の日の方角までの間を，1年間かけて1回往復する。

☐ （3）　地球Aにおいて同じ経度上のX地点とY地点で，同日・同時刻に太陽の南中高度を観測したら，X地点が65°，Y地点が90°であった。それぞれの地点の緯度を答えなさい。

□ (4) (3)でX地点とY地点との地表上の距離は2800kmであった。地球Aの子午線の1周の距離は何kmになるか答えなさい。

□ (5) 地球Aの地表上で，現在の地球の千葉県と同じ緯度・経度の地点では，季節の変化はどのようになると考えられる。最も適切なものを次のア〜ウから1つ選び，記号で答えなさい。
ア　季節の変化はない。
イ　季節の変化はある。
ウ　季節の変化がある年とない年がある。

□ (6) 現在の地球で観測できる北極星の位置は，同じ地点ではいつ観測しても変わらない。その理由として最も適切なものを次のア〜エから1つ選び，記号で答えなさい。
ア　現在の地球が自転しているから。
イ　現在の地球が公転しているから。
ウ　北極星は二等星だから。
エ　北極星は，現在の地球の自転軸のほぼ延長線上にあるから。

4　力には向きと大きさがあるので，物体にはたらく力を図示するために矢印を用いる。矢印を描くときには，いくつか決まり事がある。
力の向きに矢印を描く。
力の大きさに比例した長さで矢印を描く。
力の作用点を矢印の始点とする。また，作用点の位置は黒丸（・）で示す。
また，重力や垂直抗力のように，広い場所に力がはたらく場合は，代表点を作用点とみなす。重力は，重心を作用点とする。密度が均一で単純な形をした物体の場合，物体の中央を重心とする。垂直抗力は，面に一様にはたらいている場合，面の中央を作用点とする。
以上のことを，具体例で確認する。
［例1］　水平な床の上におもりを置いている場合（図1）
おもりにはたらく重力を示す矢印は，おもりの中央を作用点として鉛直下向きに書く。床がおもりを押す垂直抗力を示す矢印は，床とおもりの接する面ではたらくので，面の中央を作用点として描く。このとき，2つの力は同じ大きさなので，2つの矢印は長さが同じになるように描く。

図1

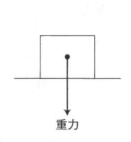

重力

垂直抗力

[例2]　ばねでおもりを吊って静止させている場合(図2)
　重力は，例1と同じように描く。ばねがおもりを引く弾性力を示す矢印は，ばねとおもりが接しているところを作用点として描く。このとき，2つの力は同じ大きさなので，2つの矢印は長さが同じになるように描く。

図2

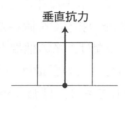

弾性力

重力

　あとの問いに答えなさい。
　以下の問いでは，物体の密度は均一で，空気の影響はないとする。地表で100gの物体が受ける重力と，同じ大きさの力を1Nの力とする。また，解答欄の図に示された方眼は1目盛りが1Nを示しているとする。たとえば，図3の矢印は，大きさ3Nの力を示している。また，力を矢印で図示するときは，定規を用いて描くこと。

図3

　図4のように，水平な床の上で，200gの物体Bの上に100gの物体Aを置いた。

図4

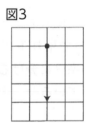

物体A

物体B

□　(1)　物体Aにはたらく力をすべて図示しなさい。力の名称は書かなくてよい。以下も同様とする。

□　(2)　物体Bにはたらく力をすべて図示しなさい。

□　(3)　(1)，(2)で図示した力のうち，作用・反作用の関係にある力のみを図示しなさい。

73

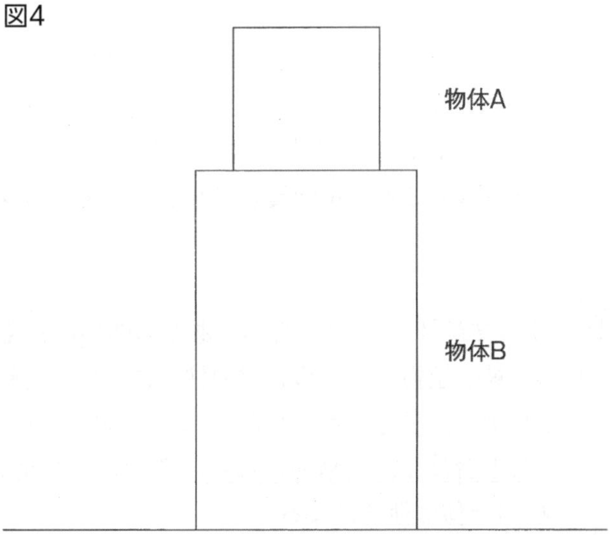

図5のように，水平な床の上に台ばかりを置き，台ばかりに300gの物体Cを置いた。さらに，物体Cに糸の一端をつなげ，糸の他端をばねばかりで鉛直上向きに引いた。糸の質量は小さいので無視する。物体Cは静止しており，ばねばかりは100gを示していた。

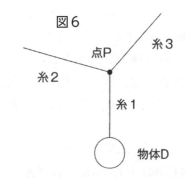

図5

□ （4） 糸にはたらく力をすべて図示しなさい。

□ （5） 物体Cにはたらく力をすべて図示しなさい。

□ （6） 物体Cが台ばかりを押す力の大きさを整数で答えなさい。

図6のように，300gの物体Dを糸1で吊り下げ，糸1を点Pで糸2と糸3に分ける。物体Dは静止し続けている。

□ （7） 点Pにはたらく力をすべて図示しなさい。図示するために用いた作図の線は消さずに残すこと。糸の質量は小さいので無視する。

5 次の文章[I]・[II]を読み，あとの問いに答えなさい。

[I] 被子植物では，めしべの柱頭についた花粉は，（ ① ）をのばす。その中を精細胞が移動し，子房に包まれた（ ② ）の中にある卵細胞に達すると，精細胞の核が卵細胞の核と合体し，受精卵になる。その後，受精卵は細胞分裂によって（ ③ ）になり，（ ② ）全体は種子になる。

□ （1） 種子植物について述べた文として，最も適切なものを次のア〜カから2つ選び，記号で答えなさい。

ア　ツツジは，双子葉類であり，ひげ根をもつ。

イ　マツは，裸子植物であり，別々の木に雄花と雌花がつく。

ウ　イチョウは，双子葉類であり，離弁花である。

エ　アサガオは，双子葉類であり，合弁花である。

オ　イネは単子葉類であり，平行脈をもつ。

カ　アブラナは，単子葉類であり，主根と側根をもつ。

□　(2)　文中の空欄(①)～(③)にあてはまる語句を答えなさい。

□　(3)　文中の下線部において，精細胞1個の染色体の数をP，卵細胞１個の染色体の数をQ，受精卵1個の染色体の数をRとしたとき，染色体の数の関係を示す式として，最も適切なものを次のア～オから１つ選び，記号で答えなさい。

ア　$P=Q=R$　　　イ　$P=Q=2R$　　　ウ　$P+Q=R$

エ　$P+Q=2R$　　　オ　$P×Q=2R$

[Ⅱ]　タマネギの根の先端を使い，顕微鏡で細胞分裂を観察した。下の図は，顕微鏡で観察された細胞をスケッチしたものである。

□　(4)　図中のア～オの細胞を細胞分裂の順に並べたとき，２番目と４番目になる細胞を，図中のイ～オからそれぞれ１つずつ選び，記号で答えなさい。ただし，アが1番目にくるものとする。

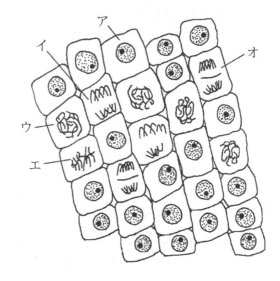

□　(5)　細胞が分裂を始めてから，次の分裂を始めるまでを細胞周期という。図中のア～オの細胞は，細胞周期の各時期を表している。タマネギの根の先端の細胞は常に分裂をくり返しているので，観察された各時期の細胞数は，細胞周期の各時期の時間の長さに比例する。タマネギの根の先端の細胞の細胞周期を25時間としたとき，図中のウの時期の時間の長さは，何時間何分か。

出題の分類

① 独立小問
② 干潟の生態系
③ アンモニアの合成
④ 雲のでき方
⑤ 斜面上の運動

▶ 解答・解説はP.125

① 次の各問いに答えなさい。

□ (1) 図1は，ある植物の根の断面を模式的に示したものである。図1のXの名称として，最も適切なものを次のア～オから1つ選び，記号で答えなさい。

図1

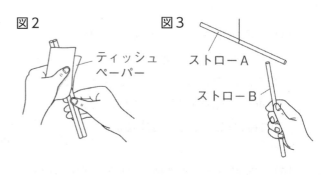

ア　ひげ根　　イ　側根
ウ　根毛　　　エ　柔毛
オ　主根

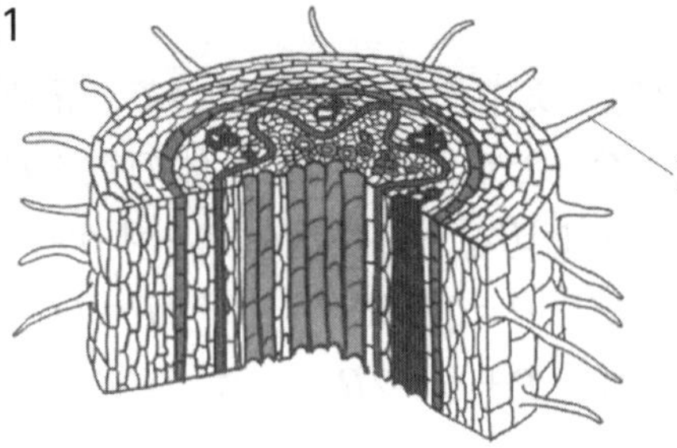

□ (2) 図2のように，2本のストローA，Bをティッシュペーパーでこすったあと，図3のように，ストローAをひもでつるして静止させ，ストローBをストローAに近づけたところ，ストローAが動いた。ストローAの動きとして最も適切なものを，次のア～エから1つ選んで，記号で答えなさい。

図2　ティッシュペーパー

図3　ストローA　ストローB

ア　ストローAとストローBは異なる種類の電気を帯びているので，ストローAはストローBから遠ざかるように動いた。
イ　ストローAとストローBは異なる種類の電気を帯びているので，ストローAはストローBに近づくように動いた。
ウ　ストローAとストローBは同じ種類の電気を帯びているので，ストローAはストローBから遠ざかるように動いた。
エ　ストローAとストローBは同じ種類の電気を帯びているので，ストローAはストローBに近づくように動いた。

□ (3)　すべての物質は原子が集まってできている。現在は110以上の種類があることが知られている。原子の特徴として正しいものを次のア～エから1つ選び，記号で答えなさい。
　　ア　原子は化学変化でさらに細かく分けることができる。
　　イ　原子は化学変化で新しい原子ができたりはしない。
　　ウ　原子は化学変化で種類が変わる。
　　エ　原子はどんな種類でも大きさは同じである。

□ (4)　図4は，土浦市において，ある方位の夜空にカメラを向けて固定し，同時にカメラのシャッターを一定時間開けて撮影した写真を模式的に表したものである。図中の中心にあるPの星は撮影中，ほとんど動かなかった。撮影されたそのほかのすべての星は，Pを中心とした弧を描くように図中のaまたはbの向きに動いていくようすが観察された。

図中のPの星の名称と，そのほかの星の動きの向きの組み合わせとして最も適切なものを，ア～エから1つ選び，記号で答えなさい。

図4

	Pの名称	星の動き
ア	北斗七星	a
イ	北斗七星	b
ウ	北極星	a
エ	北極星	b

2 東京湾には，いくつかの干潟（ひがた）が点在している。干潟にはたくさんの生き物が生息し，干潟で採れるスズキやアサリ，ノリなどは私たちの食卓に上がっている。

干潟には，川から運ばれた窒素やリン，有機物などが流入する。砂質の干潟では，ワカメのような大型の藻類は生育できないため，海中や海底には植物プランクトンやバクテリアが繁殖している。干潟は魚の産卵場にもなり，マハゼやボラなどの幼魚が成育している。砂の上には，①コメツキガニが作った砂だんごや，ゴカイのとぐろを巻いた糞（ふん）がいたるところで見られ，砂の中では，アサリや②ホンビノスガイなどの二枚貝が生息している。干潟の陸側ではアシ（ヨシ）とよばれる水生植物やアシハラガニが生息し，シギやチドリなどの渡り鳥が飛来する。

高度成長期には，干潟の埋め立てが盛んに行われ，渡り鳥の餌（えさ）となるカニやゴカイが減った。そのため，渡り鳥への影響が心配されている。近年，③干潟の保全に対する意識が高まり，干潟の多様な生物集団や④水質浄化作用が見直されている。

□ (1) ある地域に生息する生物とそれをとりまく環境をまとめて何というすか。漢字で答えなさい。

□ (2) (1)では「生物から環境への影響」と「環境から生物への影響」とが互いにはたらいている。両方の関係を含む記述を次のア～カから2つ選び，記号で答えなさい。
　　　ア　植物プランクトンが光合成をすると，温室効果が促進される。
　　　イ　砂質の干潟では，有機物が蓄積しないので，カニやゴカイが減る。
　　　ウ　動物プランクトンが大量に発生すると，酸素が消費されて魚は生息できない。
　　　エ　アシハラガニは，アシ原に生息するゴカイを捕食する。
　　　オ　渡り鳥は，カニやゴカイを捕食するために干潟に飛来する。
　　　カ　流入する有機物はアサリなどに消費され，海底の藻類に光が届きやすくなる。

□ (3) 下線部①は，それらの生物の生活の痕跡を示している。どのような活動の結果，作られたものか。次のア～オから1つ選び，記号で答えなさい。
　　　ア　縄張りを作った跡である。
　　　イ　砂の中に産卵をした跡である。
　　　ウ　天敵から身を守るために，擬態をした跡である。
　　　エ　巣穴から，砂をかき出した跡である。
　　　オ　砂中のバクテリアや有機物を捕食した跡である。

□ (4) 下線部②のホンビノスガイは，かつて東京湾にはいなかったとされている。このような生物を何というか。漢字3字で答えなさい。

□ (5) 下線部③について，干潟の環境を保つことは大変重要であり，干潟のような湿地の保護と賢明な利用が国際的に図られている。このような取り組みに関係するものを次のア〜オから1つ選び，記号で答えなさい。

ア ワシントン条約　　　イ 京都議定書　　ウ ラムサール条約

エ レッドデータリスト　　オ ウィーン条約

□ (6) 図は干潟の生物の食物連鎖の概要を示したものである。矢印は被食される生物から捕食する生物へ向かって描かれている。最も適切なものはどれか。次のア〜オから1つ選び，記号で答えなさい。

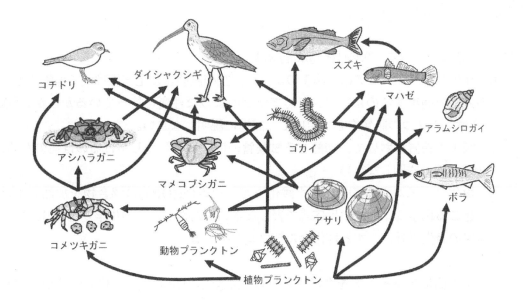

ア ダイシャクシギは，他地域から入り込んだ生物なので駆除したほうがよい。

イ アシハラガニとマメコブシガニの間で，食料をめぐる競争は生じていない。

ウ ゴカイを除くと，干潟の海水温が大きく変化する。

エ プランクトンが大量発生すると，干潟の食物連鎖はさらに複雑になる。

オ 干潟の食物連鎖において，コチドリは必ず三次消費者になる。

□ (7) 下線部④について，窒素やリン，有機物は最終的にどのようにして干潟から除去されるか。図を参考にして簡潔に説明しなさい。

3　アンモニアの合成について，次の文章を読み，あとの問いに答えなさい。

アンモニアNH_3は，特有の刺激臭をもつ有毒な気体であるが，我々の生活を支える重要な物質であり，さまざまな製品の原料となっている。

実験室でアンモニアを発生させるには，図1のような装置を用いて，塩化アンモニウムと水酸化カルシウムの混合物を加熱する方法がよく知られている。

図1

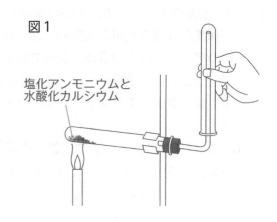

塩化アンモニウムと
水酸化カルシウム

□　(1)　下線部について，次の①～③に答えよ。

①　発生したアンモニアは，図1のように，空の試験管に上方置換法で捕集する。この方法で捕集するのは，アンモニアがどのような性質を持っているからか。「水」，「密度」の2つの語句を必ず用いて，簡単に説明しなさい。

②　図1の装置において，加熱する試験管の口を底より少し下げるのは何のためか。30字以内で説明しなさい。

③　塩化アンモニウムNH_4Clと水酸化カルシウム$Ca(OH)_2$の混合物を加熱したときに起こる化学変化を化学反応式で表しなさい。ただし，この化学変化では，アンモニアの発生以外に，水と塩化カルシウムが生じる。

工業的にアンモニアを合成するには，空気中の窒素N_2と，化石燃料からつくられる水素H_2を直接化合させる方法が用いられている。この反応を化学反応式で表すと次のようになる。

$$N_2 + 3H_2 \ \rightarrow \ 2NH_3 \ \cdots\cdots(\mathrm{i})$$

ここで，水素H_2は，空気と混合して点火すると容易に酸素O_2と反応して燃えるなど，非常に反応性の高い気体であるが，窒素N_2は，常温では，非常に反応性に乏しく，他の物質と結びつくことはない。そのため，この反応は500℃，200気圧という高温・高圧の激しい条件で，さらに鉄の化合物を主成分とする触媒を用いて行われる。触媒とは，特定の化学反応を速くするはたらきをもつが，それ自身は反応前後で変化しない物質である。この反応では，窒素と水素からアンモニアが生じると同時に，アンモニアが分解して窒素と水素が生じる反応，つまり(i)式の右辺から左辺への反応も起こる。窒素と水素のどちらか，または両方が完全に無くなることはない。密閉容器に窒素と水素を入れて長時間にわたり反応させると，窒素，水素，アンモニアが一定の割合で共存する状態となる。初めの窒素と水素の割合が決

まれば，温度と圧力で最終的なアンモニアの割合が決まる。工業的には，できるだけアンモニアの割合が高くなるように，技術的に可能な範囲で温度と圧力の条件を決めている。

　以上の方法は，今から約100年前の20世紀初め，二人のドイツ人化学者，ハーバーとボッシュによって発明され，現在でも主たるアンモニア合成法として利用されている。

□　(2)　密閉容器にn個の窒素分子と$3n$個の水素分子を入れ，高温・高圧で長時間保ったとする。容器内にアンモニア分子がx個生成したとして，次の①～③に答えなさい。ただし，文字式では分数を用いてもよい。

①　長時間保った後に存在している窒素分子，水素分子の分子数を，それぞれnとxを使った式で表しなさい。

②　長時間保った後，生成したアンモニア分子数の割合は，窒素分子，水素分子，アンモニア分子の総数の15％であった。このとき，アンモニアの分子数xを，nを使った式で表しなさい。

③　図2は，密閉容器に窒素と水素を入れ，触媒を使わずに高温・高圧の条件で反応させたとき，アンモニア分子数の割合が時間とともに変化するようすを表したものである。温度と圧力の条件を変えずに触媒を使ったとき，図2のグラフはどのようになるか。解答欄には，もとの図2のグラフが破線で描かれている。触媒を使った場合の変化を表す線を描きなさい。

図2

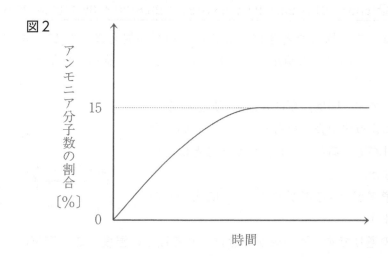

4 Sさんは，駅前の自動販売機で冷たい缶ジュースを買ったとき，冷たい缶の表面に水滴がついたことに気がついた。これに関する会話文を読んで，あとの問いに答えなさい。

Sさん ：先生，ジュースの缶についた水滴は，空気中の水蒸気が水滴になったものですか。

先　生：そうですよ。ジュースを買ったときの気温や湿度を覚えていますか。

Sさん ：駅前の電光掲示板は，a気温28℃，湿度60％になっていました。

先　生：表1は湿度表で，表2は気温と飽和水蒸気量の関係をまとめたものです。これらの表から，b現れる水滴の量について考えてみましょう。

表1

乾球の温度[℃]	乾球と湿球の示度の差[℃]													
	0	0.5	1.0	1.5	2.0	2.5	3.0	3.5	4.0	4.5	5.0	5.5	6.0	6.5
30	100	96	92	89	85	82	78	75	72	68	65	62	59	56
29	100	96	92	89	85	81	78	74	71	68	64	61	58	55
28	100	96	92	88	85	81	77	74	70	67	64	60	57	54

表2

気温[℃]	0	1	2	3	4	5	6	7	8	9	10	11
飽和水蒸気量[g/m³]	4.8	5.2	5.6	5.9	6.4	6.8	7.3	7.8	8.3	8.8	9.4	10.0
気温[℃]	12	13	14	15	16	17	18	19	20	21	22	23
飽和水蒸気量[g/m³]	10.7	11.4	12.1	12.8	13.6	14.5	15.4	16.3	17.3	18.3	19.4	20.6
気温[℃]	24	25	26	27	28	29	30	31	32	33	34	35
飽和水蒸気量[g/m³]	21.8	23.1	24.4	25.8	27.2	28.8	30.4	32.1	33.8	35.6	37.6	39.6

Sさん ：ジュースを買ったときに，大きな入道雲が見えましたが，雲ができる原理もジュースの缶に水滴がついたのと同じように，飽和水蒸気量が関係しているのですか。

先　生：そうです。図は，夏に入道雲(積乱雲)ができるようすを表したものです。しだいに上に伸びていることから，わかることはありますか。

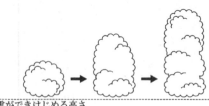
雲ができはじめる高さ

Sさん ：入道雲ができる場所では ① ことがわかります。

先　生：その通りです。図の雲ができはじめる高さの温度がこの空気の ② で，この高さよりも上空では，ジュースの缶に接した空気と同じように，水蒸気が冷やされて水滴になります。気温が同じときは，湿度が高いほど雲ができはじめる高さは ③ なります。

　Sさん　：雲のでき方も身近な現象から考えるとわかりやすいですね。

□　(1)　下線部aについて，表1から，乾湿計の湿球温度計の示度として最も適切なもの
　　　を，次のア〜オから1つ選び，記号で答えなさい。
　　　ア　22.0℃　　　イ　22.5℃　　　ウ　23.0℃　　　エ　23.5℃　　　オ　24.0℃

□　(2)　下線部bについて，気温28℃，湿度60％の空気5000cm^{3}が4℃まで冷やされたとき
　　　に現れる水滴は何gになるか答えなさい。ただし，答えは四捨五入して小数第2位ま
　　　で求めなさい。

□　(3)　会話文中の①にあてはまることばとして最も適切なものを，次のア〜エから1つ
　　　選び，記号で答えなさい。
　　　ア　気温が急激に下がる　　　　イ　北風が吹いている
　　　ウ　寒冷前線が近づいている　　エ　強い上昇気流が発生している

□　(4)　会話文中の②，③にあてはまることばの組み合わせとして最も適切なものを，次
　　　のア〜エから1つ選び，記号で答えなさい。
　　　ア　②：露点　③：低く　　　イ　②：露点　③：高く
　　　ウ　②：融点　③：低く　　　エ　②：融点　③：高く

□　(5)　前のページの図の入道雲が発達した地点の標高は100mで，気温28℃，湿度60％
　　　である。発達した入道雲の中に氷の粒ができはじめる地点の標高は，およそ何mにな
　　　るか答えなさい。ただし，空気の温度は，雲がないときは100m高くなるごとに1℃
　　　ずつ低くなり，雲があるときは100m高くなるごとに0.5℃ずつ低くなるものとする。

5 次の文章を読み，あとの問いに答えなさい。

　下の図のように，水平な床に支柱を置き，支柱にはレールを支えるための台Ⅰ，台Ⅱを取り付けた。また，硬くて曲がらない力学台車用のレールを用意し，一方を床に固定し，他方を台Ⅰに取り付けて，斜面をつくった。次に，床からの高さが20cmの斜面上の点から力学台車を静かに運動させた。ただし，力学台車の車輪は摩擦なく回転するものとする。

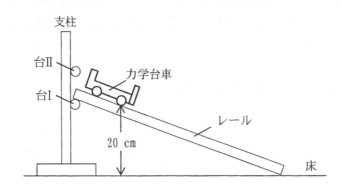

□　(1)　1秒間に50回打点する記録タイマーを使って，斜面を下る力学台車の運動を調べたところ，次の結果が得られた。区間PQの平均の速さは何cm/sか。

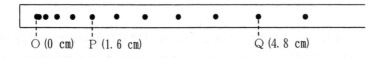

□　(2)　①　力学台車の速さと時間の関係を表すグラフの形として，最も適切なものを次のア～エから1つ選び，記号で答えなさい。

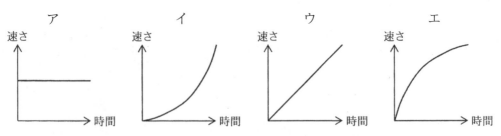

　　②　斜面を台Ⅱに取り付けて，床からの高さが20cmの斜面上の点から力学台車を運動させるとき，力学台車がレールの下端に達したときの速さはどのようになるか。最も適切なものをア～ウから1つ選び，記号で答えなさい。
　　ア　台Ⅰのときより速くなる　　イ　台Ⅰのときと同じ速さになる
　　ウ　台Ⅰのときより遅くなる

□ (3)　力学台車の重さが1.2kgのとき，下の図のように,斜面上の力学台車の重さをばね
　　　　ばかりで斜面に沿った方向で測ったところ，800gだった。このとき，力学台車があ
　　　　る位置の斜面に沿った長さxは
　　　　何cmか。最も適切なものを次
　　　　のア〜オから１つ選び，記号
　　　　で答えなさい。
　　　　ア　10cm　　イ　13cm
　　　　ウ　20cm　　エ　30cm
　　　　オ　40cm

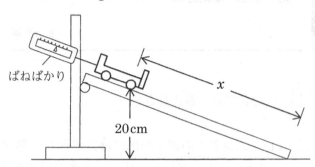

□ (4)　次の文は，この実験で力学台車にはたらく力について述べたものである。文中の
　　　　空欄(A)，(B)にあてはまる語句を，あとのア〜カから１つずつ選び，記号で答えな
　　　　さい。ただし，力学台車の重さは変えないものとする。
　　　　　台Ⅱのとき，力学台車の進む向きにはたらく力の大きさは，台Ⅰのとき（　A　）。
　　　　また，その力の大きさは，力学台車が（　B　）。
　　　　ア　より大きくなる　　　　イ　と同じである
　　　　ウ　より小さくなる　　　　エ　進むにつれてしだいに大きくなる
　　　　オ　進んでも変わらない　　カ　進むにつれてしだいに小さくなる

出 題 の 分 類

① 独立小問

② 太陽系の天体の動き

③ 電池，電気分解

④ 電流と電圧

⑤ 呼吸と光合成

▶ 解 答 ・ 解 説 は P.129

① 次の各問いに答えなさい。

□ (1) エンドウの種子の形には丸形としわ形があり，この２つの形質は対立形質（たいりつけいしつ）である
ことがわかっている。代々，丸形の種子をつくる純系のエンドウ（親）と，代々，しわ
形の種子をつくる純系のエンドウ（親）をかけ合わせたところ，できた種子（子）はすべ
て丸形であった。得られた子の丸形の種子を育てて自家受粉させたところ，丸形とし
わ形の種子（孫）があわせて6000個得られた。この孫の種子のうち，丸形の種子のお
よその数として最も適切なものを，次のア～エから１つ選び，記号で答えなさい。た
だし，種子の形に関係する遺伝子は，メンデルが発見した遺伝の規則にしたがうもの
とする。

　ア　1500個　　イ　2000個　　ウ　3000個　　エ　4500個

□ (2) 気体の性質について述べた文として最も適切なものを，次のア～エから１つ選
び，記号で答えなさい。

　ア　二酸化炭素は空気の約4%を占め，石灰水を白く濁らせる。

　イ　水素は最も軽い気体で，水に溶けにくく水上置換法で集める。

　ウ　塩素は黄緑色でその水溶液を塩酸といい，プールの消毒や漂白剤に利用される。

　エ　アンモニアは無色で刺激臭があり，水でぬらした青色リトマス紙をかざすと赤色
になる。

□ (3) ある地震において，図１のように水平方向に60km離れているA地点（震央）とB地
点で初期微動継続時間を測定したところ，A地点では８秒，B地点では10秒であった。
震源までの距離は，A地点から
何kmか。最も適切なものを次
のア～エから１つ選び，記号
で答えなさい。必要であれば，
図２の辺の比の関係を用いて
よい。

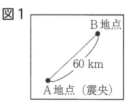

図1

B地点

60 km

A地点 （震央）

図2

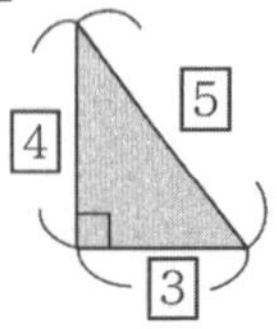

4　5

3

　ア　36km　　イ　45km　　ウ　75km　　エ　80km

□　(4)　放射性物質によってがんが発生する可能性が高くなると指摘されている。その仕
　　　組みについて説明した以下の文章の空欄A，Bにそれぞれ下の語群から最も適切な言
　　　葉を選んで答えなさい。

　　　　放射性物質は（　A　）を出して，別の物質に変わる．この（　A　）が細胞内の（　B　）
　　　を傷つけてがんが発生しやすくなる。

　　　語群：ウラン，プルトニウム，二酸化炭素，オゾン，紫外線，活性酸素，フロン，
　　　　　　窒素酸化物，小胞体，細胞質，養分，遺伝子，免疫，水分，塩分，陰極線，
　　　　　　ニュートリノ，放射能，放射性同位体，放射線

2　次の問いに答えなさい。

□　(1)　名古屋のある地点で，日の出の位置と，日の出の時刻の月の位置と形を肉眼で観
察した。さらに3日後の日の出の時刻に，同様の観察を行った。この2回の観察結果
の一部を記録したものを図1に示す。

①　2回の観察を行った時期として最も
適当なものを，次のア～エから1つ選
び，記号で答えなさい。
　　ア　春分～夏至の間
　　イ　夏至～秋分の間
　　ウ　秋分～冬至の間
　　エ　冬至～春分の間

②　3日後の日の出の時刻における月の
位置と形は，最初の観察での月の位置
と形と比べてどのように変わったか。
最も適切な選択肢を1つずつ選び，文
を完成させなさい。

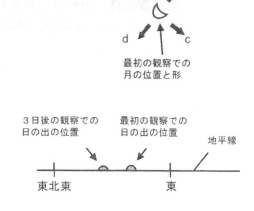

図1

月の位置は図3の(ア　a・b・c・d)の方向にあり，形はかがやいて見える部分が
(イ　小さくなった・大きくなった)。

□ (2) 右の図2はある日の地球の北極側
から見た太陽・金星・地球の位置関係
と，それぞれの惑星の公転軌道を示し
ている。どちらの惑星も太陽の周りを
円運動しており，公転軌道面は同一で
あるものとする。なお金星の公転周期
は0.62年である。

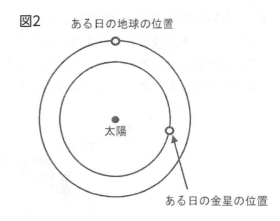

図2　ある日の地球の位置

太陽

ある日の金星の位置

① 今後，金星と地球は，内合（一直
線上に地球－金星－太陽の順に並
ぶ）と外合（一直線上に地球－太陽－
金星の順に並ぶ）のどちらが先に起こるか。

② 太陽と地球の距離を1とすると，太陽と金星の距離は0.72となる。金星と地球が
最も離れたときの距離は，最も近づいたときの距離の何倍か。小数第2位を四捨五
入して小数第1位まで表しなさい。

③ 1.5年後の金星を名古屋で観測したとすると，いつごろどの方角の空に見えると
考えられるか。最も適切なものを次のア～エから1つ選び，記号で答えなさい。
ア 明け方の東の空
イ 明け方の西の空
ウ よいの東の空
エ よいの西の空

④ ③の金星は屈折式天体望遠鏡でどのような形で観察できるか。その見え方を答え
なさい。ただし，太陽の光が当たっている部分を白で，当たってない部分を黒で表
しなさい。点線はすべて見えたときの金星の形であり，大きさの変化は考慮しなく
てよい。また屈折式天体望遠鏡下では，肉眼でみる場合と比べて上下左右が逆に
なって見える。

3　理科の授業で備長炭電池を作製した。備長炭，キッチンペーパー，アルミニウム箔を
　用意して，水溶液をしみこませたキッチンペーパーを備長炭に巻き，その上からアルミニ
　ウム箔を巻いた。アルミニウム箔の部分と備長炭をワニ口クリップではさんで図1のよう
　な回路を作った。あとの問いに答えなさい。

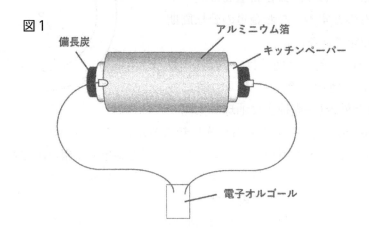

図1

□　(1)　文章中の下線部の水溶液として使用したときに電流が流れるものを，次のア～オ
　　　からすべて選び，記号で答えなさい。
　　　ア　砂糖水　　イ　食塩水　　　ウ　エタノール水溶液
　　　エ　食酢　　　　オ　スポーツドリンク

□　(2)　次の文章は備長炭電池の原理について述べたものである。空欄にあてはまる最適
　　　な語句を漢字で答え，文章を完成させなさい。

　　　　アルミニウム箔から放出された（　①　）が回路を流れて，備長炭に吸着して
　　　いる空気中の気体の酸素と結びつく。このように，（　①　）が回路全体を流れ
　　　るため電池としての機能を果たすことができる。

□　(3)　備長炭電池の＋極を，次から選び，記号で答えなさい。
　　　ア　備長炭　　イ　キッチンペーパー　　ウ　アルミニウム箔

□　(4)　この電池に，電子オルゴールをつなぐと音楽が流れた。音楽を流し続け，一定時
　　　間経つとアルミニウム箔はどのようになるか。その様子と理由について，それぞれ具
　　　体的に答えなさい。ただし，理由は「アルミニウムが～反応をするから。」となるよ
　　　うに答えること。

　ここで，作製した備長炭電池を複数用いて水の電気分解を行った。水の電気分解に関する以下の問いに答えなさい。

□　(5)　水の電気分解を行ったときに，陽極で生じる気体についてあてはまるものを，次のア～カからすべて選び，記号で答えなさい。
　　　ア　助燃性がある
　　　イ　空気よりも軽い
　　　ウ　亜鉛にうすい硫酸を加えると得られる
　　　エ　酸化銅と活性炭を混合して加熱すると得られる
　　　オ　酸化銀を加熱すると得られる
　　　カ　炭酸水素ナトリウムを加熱すると得られる

□　(6)　複数の備長炭電池を直列につなぎ，図2の装置で水の電気分解を行った。このとき少量の水酸化ナトリウムを加えた水溶液を使用した。なお，図2は装置の正面のみを模式的に表している。

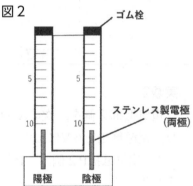

図2

　表は電流を流した時間と陰極側の液面の高さの目盛りを読んだ結果である。電流を流し始めてから7分後までに陽極で生じた気体の質量は何mgであるかを，小数第2位を四捨五入し，小数第1位まで答えなさい。ただし，本実験において生じた気体は1.0Lで1.43gの気体と0.09gの気体の2種類のみである。また，発生した気体は水に溶解せず，流れる電流の大きさは実験開始時から変わらないものとする。

時間[分]	0	1	2	3
目盛り[mL]	0.1	0.9	1.7	2.5

□　(7)　水や様々な水溶液の電気分解を行っても，発生することのない気体に関して塩化アンモニウムNH_4Clの固体と水酸化カルシウム$Ca(OH)_2$の固体を混合させ加熱すると，電気分解では生じない気体と塩化カルシウムと水が得られる。この気体の捕集法を，次のア～ウから1つ選び，記号で答えなさい。また，この反応の化学反応式を答えなさい。
　　　ア　上方置換法　　　イ　下方置換法　　　ウ　水上置換法

4 Sさんは，回路を流れる電流について調べるため，次の実験1〜3を行った。これに関して，あとの問いに答えなさい。

実験1

① 図1のように，電気抵抗P，電源装置，電流計，電圧計を使った回路を作り，加える電圧の大きさを変えたときに流れる電流の大きさを調べた。

② 電気抵抗Pを電気抵抗Qに変え，①と同様に加える電圧の大きさを変えたときに流れる電流の大きさを調べた。図2は，その結果をグラフに表したものである。

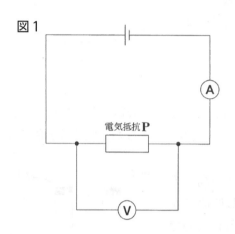

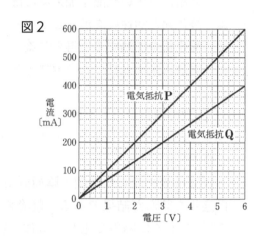

実験2

電気抵抗2個を，次のA〜Cの組み合わせで電源電圧，電流計とつないで直列回路を作り，電源電圧を6Vにしたときに流れた電流の大きさをそれぞれ調べた。

A　電気抵抗P2個　　　B　電気抵抗Q2個　　　C　電気抵抗PとQを1個ずつ

実験3

図3のように，電気抵抗Pを6個と，電源装置，電流計，電圧計を使った回路を作った。電源装置の－極とつながる導線は，点b〜fのいずれかとつなぎ，回路を流れる電流と，点aと点bとの間の電圧を測った。

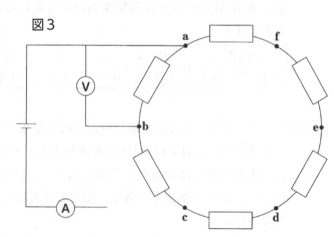

□ (1) 図3から，電気抵抗Qの抵抗の大きさとして最も適切なものを，次のア～オから
1つ選び，記号で答えなさい。
ア 5Ω　　イ 7.5Ω　　ウ 12.5Ω　　エ 15Ω　　オ 17.5Ω

□ (2) 実験1で，電気抵抗Qをつなぎ，電源電圧を12Vにして5分間電流を流したとき，
電気抵抗の消費する電力量は何kWsか。

□ (3) 次の文は，実験2について述べたものである。文中の ① ， ② にあてはま
ることばの組み合わせとして最も適切なものを，あとのア～エから1つ選び，記号で
答えなさい。

> 電気抵抗の組み合わせが ① のときに最も大きい電流が流れ，Cのときに
> ② の電流が流れた。

ア ①：A　　②：240mA　　イ ①：A　　②：500mA
ウ ①：B　　②：240mA　　エ ①：B　　②：500mA

□ (4) 実験3で，電源電圧を10Vに設定した。電源の－極につながる導線を点eとつない
だとき，電圧計は何Vを示すか。

□ (5) 実験3で，電源電圧を20Vに設定し，電源の－極につながる導線を点fとつない
だ。さらに，図3の点a～fのうち，2点を導線でつないだところ，電流計は3.0Aを示
したが，電圧計は0Vを示した。このとき導線でつないだ2点として最も適切なもの
を，次のア～クから1つ選び，記号で答えなさい。
ア 点aとc　　イ 点aとd　　ウ 点aとe　　エ 点bとc
オ 点bとf　　カ 点cとe　　キ 点cとf　　ク 点dとf

5 　植物のはたらきを調べるために，次のような【実験1】，【実験2】を行った。あとの問いに答えなさい。

　【実験1】　試験管A〜Eを用意し，光の当たらないところに1日置いたほぼ同じ大きさのオオカナダモを試験管B，C，Eに入れた。うすい青色のBTB溶液に息を十分にふきこんで緑色にした溶液を全ての試験管に入れ，すぐにゴム栓をした。試験管Cはガーゼで全体をおおい，試験管D，Eはアルミニウムはくで全体をおおった。全ての試験管を光が十分に当たる場所に数時間置いた後，BTB溶液の色を調べた。下の表は，その結果である。ただし，実験中の全ての試験管の水温は20℃に保たれていたとする。

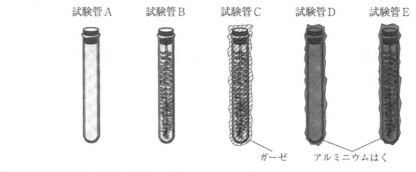

試験管	A	B	C	D	E
BTB溶液の色	緑色	青色	緑色	緑色	黄色

□　（1）　試験管B，C，Eの中で行われたオオカナダモのはたらきの組み合わせとして最も適切なものはどれか。ア〜オから1つ選び，記号で答えなさい。

	試験管B	試験管C	試験管E
ア	光合成と呼吸	光合成と呼吸	光合成と呼吸
イ	光合成と呼吸	光合成と呼吸	呼吸のみ
ウ	光合成と呼吸	呼吸のみ	呼吸のみ
エ	呼吸のみ	呼吸のみ	光合成と呼吸
オ	呼吸のみ	光合成と呼吸	呼吸のみ

□ (2) 試験管B，Cについて，【実験1】の結果の理由を示した文の組み合わせとして最も適切なものはどれか。あとのア～オから1つ選び，記号で答えなさい。

① オオカナダモが二酸化炭素を吸収しただけであったから。

② オオカナダモが二酸化炭素を排出しただけであったから。

③ オオカナダモが吸収した二酸化炭素の量は，排出した二酸化炭素の量よりも多かったから。

④ オオカナダモが吸収した二酸化炭素の量は，排出した二酸化炭素の量よりも少なかったから。

⑤ オオカナダモが吸収した二酸化炭素の量と，排出した二酸化炭素の量がほぼ同じだったから。

	試験管B	試験管C
ア	①	⑤
イ	③	②
ウ	③	⑤
エ	④	③
オ	④	⑤

【実験2】 【実験1】とは別の新たな試験管F～Iを用意し，試験管G，Iは全体をアルミニウムはくでおおい，試験管F，G，Iには光の当たらないところに1日置いたほぼ同じ大きさのオオカナダモと水をそれぞれ入れた。試験管F，G，Hには，息を十分にふき込んだが，試験管Iには何もしなかった。すぐにゴム栓をし，すべての試験管を光が十分に当たる場所に数時間置いたあと，試験管内に酸素が発生するかどうかを確認した。ただし，実験中のすべての試験管の水温は20℃に保たれていたとする。

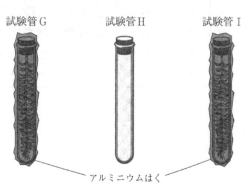

試験管F　　試験管G　　試験管H　　試験管I

アルミニウムはく

【実験2】の結果により，次のような考察を行った。

　【実験2】は，光合成に必要な要素が1つでも不足すると反応が進まないことを確かめる実験であるが，このままでは（　X　）ということが確認できないことに気がついた。そこで，試験管G～Iのうち，試験管（　Y　）について（　Z　）こととし，再度【実験2】と同様の実験を行うことにした。その結果，試験管Fでは酸素の発生が観察でき，他の試験管では試験管Fと同程度の酸素の発生が見られないとすれば，この実験の目的を達成できたといえる。

□　(3)　(X)に入る文として最も適切なものはどれか。次のア～オから1つ選び，記号で答えなさい。
　　　ア　植物がないと反応が進まない。
　　　イ　十分な光がないと反応が進まない。
　　　ウ　二酸化炭素がないと反応が進まない。
　　　エ　酸素がないと反応が進まない。
　　　オ　水がないと反応が進まない。

□　(4)　(Y)，(Z)に入る組み合わせとして最も適切なものはどれか。次のア～オから1つ選び，記号で答えなさい。

	Y	Z
ア	G	オオカナダモを入れない
イ	G	息を十分に吹き込まない
ウ	H	試験管全体をアルミニウムはくでおおう
エ	H	息を十分に吹き込まない
オ	I	アルミニウムはくをはがす

解　答

1 (1) オ　　(2) ウ　　(3) エ　　(4) イ
2 (1) ア　　(2) 水の蒸発を防ぐ　　(3) 蒸散　　(4) ア, カ
　　(5) ① 4　　② 気孔　　③ 裏側
3 (1) ウ　　(2) カ　　(3) ウ　　(4) キ　　(5) オ
4 (1) 64%　　(2) エ　　(3) 21℃　　(4) ① ウ　② イ　　(5) ウ
5 (1) ア　　(2) エ　　(3) 7.5Ω　　(4) 2.2A

配点　1 各5点×4　　2 各3点×7　　3 各4点×5
　　　　4 (1) 4点　　他 各3点×5　　5 各5点×4　　計100点

解　説

1 (独立小問)

(1)　親1のもつ遺伝子の組み合わせはAA，親2のもつ遺伝子の組み合わせはaaなので，子の
もつ遺伝子の組み合わせはAaである。子を自家受粉させてできた孫のもつ遺伝子の組み合
わせの数は，AA：Aa：aa＝1：2：1　となる。

(2)　ア…誤り。鉄が酸化される。イ…誤り。二酸化炭素CO_2がマグネシウムMgに酸素を奪
われ，酸化マグネシウムMgOができて，炭素Cが残る。還元されたのは二酸化炭素であり，
できた炭素は金属ではない。ウ…正しい。酸化銅CuOが水素H_2に酸素を奪われ，銅Cuと水
H_2Oができる。つまり，酸化銅が還元されて，金属の銅が残る。エ…誤り。炭酸水素ナトリ
ウム$NaHCO_3$が分解されて，二酸化炭素CO_2と水H_2Oと炭酸ナトリウムNa_2CO_3ができる。
金属の単体は生じない。

(3)　ある地点で観測される初期微動継続時間は，その地点の震源からの距離に比例する。地
点Aで，地震Xのほうが初期微動継続時間が短かったのは，地震Xのほうが近距離で起こっ
たためである。

(4)　弦のはじく部分が短くなったので，振動数が増えて高い音が出る。ただし，同じ強さで
はじいたので，振幅は変わらず，同じ大きさの音が出る。

2 （植物のはたらき）

(1) 網状脈をもつので，双子葉類の植物である。双子葉類の植物の茎では維管束が環状に並び，内側に道管，外側に師管がある。インクをふくむ水は道管を通って吸い上げられる。

(2) フラスコ内の水の表面からの蒸発を防ぐために油を1滴たらす。

(3) 植物が水蒸気を空気中に発散するはたらきを蒸散という。

(4) PからQを引くと，葉の表側からの蒸散量が求められる。また，Rでは葉の表側と茎からの蒸散量を示し，Sは茎からの蒸散量を示すので，その差が葉の表側からの蒸散量になる。

(5) ① 葉の裏側からの蒸散量は，P－RもしくはQ－Sで求められる。3.3－0.9＝2.4〔mL〕
葉の表側からの蒸散量は，3.3－2.7＝0.6〔mL〕 よって，表からの蒸散量の4倍になる。

② 水蒸気は気孔から放出される。また，気孔は酸素や二酸化炭素の出入り口としての役割ももつ。

③ 葉の裏側からの蒸散量が多いので，葉の裏側に気孔が多いことがわかる。

3 （水溶液とその性質）

(1) 温度による物質の溶解度の差を利用して結晶を取り出す方法を，再結晶という。

(2) 表2より，硫酸銅は39.9〔g〕－20.2〔g〕＝19.7〔g〕の結晶が，ミョウバンは24.8〔g〕－5.90〔g〕＝18.9〔g〕の結晶が，ホウ酸は15.0〔g〕－5.00〔g〕＝10.0〔g〕の結晶が出てくる。

(3) 20℃のホウ酸の飽和水溶液の濃度は，5.00〔g〕÷(100〔g〕＋5.00〔g〕)×100＝4.76…〔%〕より，4.8%である。

(4) 100gの水にミョウバンが50g溶けたときの質量パーセント濃度は，50.0〔g〕÷(100〔g〕＋50.0〔g〕)×100＝33.33…〔%〕なので，35%に近い。100gの水にミョウバンが50g溶けるのは，約75℃の温度である。

(5) 硫酸銅の溶解度は，20℃のとき20.2g，60℃のとき39.9gなので，溶解度曲線Bである。ホウ酸の溶解度は，20℃のとき5.00g，60℃のとき15.0gなので，溶解度曲線Cである。

4 （水蒸気と湿度）

(1) 図2より，乾球が29℃，湿球が24℃なので，その差は5℃である。よって，右表より，実験1を行ったときの湿度は64%である。

(2) 金属製のコップの表面がくもるのは，コップの表面が冷やされ，コップのまわりの空気が露点に達し，空気中の水蒸気が水滴に変化するからである。

(3) 実験を行った日の気温は29℃，湿度は64%

乾球 [℃]	乾球と湿球の示度の差[℃]					
	1.0	2.0	3.0	4.0	5.0	6.0
30	92	85	78	72	65	59
29	92	85	78	71	64	58
28	92	85	77	70	64	57
27	92	84	77	70	63	56
26	92	84	76	69	62	55
25	92	84	76	68	61	54
24	91	83	75	68	60	53
23	91	83	75	67	59	52
22	91	82	74	66	58	50
21	91	82	73	65	57	49

なので，空気1m³にふくまれる水蒸気量は28.8[g]×0.64＝18.432[g]である。よって，金属製のコップの表面がくもり始めた温度は表2より，飽和水蒸気量が18.3g/m³の21℃である。

(4)　金属製のコップの表面がくもり始めた水温が変わらないので，実験1，2を行った日の空気1m³にふくまれる水蒸気量は変わらないことがわかる。また，両日とも水蒸気量が変わらないのに，実験2を行った日は実験1を行った日よりも気温が高く飽和水蒸気量が多いので，実験2を行った日は実験1を行った日よりも湿度が低いことがわかる。

(5)　雲は地表付近の空気があたためられるとできやすい。

5　（電流と磁界）

(1)　N極をコイルに近づけたときとS極をコイルから遠ざけるときには，コイルに同じ向きに電流が流れる。

(2)　右ねじの進む向きに電流を流すと，右ねじを回す向きに磁界ができる。図2でコイルに電流を流すことによって，AとCには北向きに，Bには南向きの磁力線が生じる。

(3)　図3は，2本の電熱線が並列につながっている。したがって，10Ωと30Ωの抵抗を並列につなげると，最も大きな電流が流れ，コイルが磁界から受ける力が最も大きくなる。また，電気抵抗の大きさをR[Ω]とすると，$\frac{1}{10}+\frac{1}{30}=\frac{1}{R}$ より，$R=7.5$[Ω]である。

(4)　電圧が16.5Vのとき，回路に流れる電流は，オームの法則より16.5[V]÷7.5[Ω]＝2.2[A]である。

震度とマグニチュード

　1の(3)で，地震についての出題がある。震度は，観測地の揺れの程度を表すもので，観測地によって値が違う。マグニチュードは地震の規模を表すもので，1つの地震でマグニチュードの値は1つである。

　震度の大きさは地震計の主要動の揺れ幅でわかる。主要動の揺れ幅が大きいほど震度が大きいといえる。また，震源がほぼ同じ2つの地震で，同じ観測地の震度が違う場合，震度が大きかったほうの地震のほうがマグニチュードが大きいといえる。

第1回
第2回
第3回
第4回
第5回
第6回
第7回
第8回
第9回
第10回
解答用紙

解　答

1　(1)　ア　　(2)　ア　　(3)　76.9°　　(4)　ア

2　(1)　① エ　② イ　　(2)　イ　　(3)　ウ　　(4)　ウ

3　(1)　ウ　　(2)　ア　　(3)　ウ　　(4)　エ　　(5)　ア

4　(1)　エ　　(2)　$2CuO+C \rightarrow 2Cu+CO_2$　　(3)　0.21g　　(4)　カ
　　(5)　還元

5　(1)　ウ　　(2)　① エ　② イ　　(3)　オ　　(4)　① ア　② イ
　　(5)　① ア　② ア

配点　1　各5点×4　　2　各4点×5　　3　各4点×5
　　　4　(2)　4点　　他　各3点×4　　5　各3点×8　　計100点

解　説

1　(独立小問)

(1)　遺伝子は染色体に存在し，形質を表すもとになるものである。遺伝子の本体はDNAである。

(2)　酸素O_2，窒素N_2など，同じ原子2個からできた分子は，温室効果をもたない。

(3)　夏至の日の太陽の南中高度は，90°−緯度＋23.4°より，$90-36.5+23.4=76.9[°]$である。

(4)　陰極線は，真空放電管でマイナスの電極から飛び出した電子の流れである。電子は−の電気をもっている。

2　(圧力・浮力)

(1)　水中にある物体にはたらく上向きの力を浮力といい，水中にある物体の体積が大きいほど，浮力は大きい。

(2)　水圧は，水中にある物体のあらゆる面を押すようにはたらき，深いほど圧力は大きくなる。

(3)　図2で，おもりが水に入っていないとき，ばねののびは4cmである。また，20gのおもりにはたらく重力は0.2Nで，ばねは0.2Nで1cmのびることから，ばねが4cmのびるときにばねにはたらく力の大きさは$0.2[N] \times 4[cm] \div 1[cm] = 0.8[N]$である。よって，おもりの質

量は80gである。

(4)　浮力は，空気中での重さから水中での重さを引くと求められる。おもりが完全に水中にあるときのばねののびは2cmなので，このとき，ばねを引く力の大きさ(水中での重さ)は0.4Nである。おもりにはたらく重力の大きさ(空気中での重さ)は0.8Nなので，浮力の大きさは，0.8－0.4＝0.4[N]である。

③　(消化と吸収)

(1)　だ液にふくまれているアミラーゼはデンプンを麦芽糖に変え，胃液にふくまれているペプシンはタンパク質をペプトンに変える。

(2)　ヨウ素液はデンプンと反応し，ベネジクト液は麦芽糖と反応する。したがって，AとBの試験管の結果を比べると，だ液にふくまれる酵素はだ液が37℃でよくはたらくことがわかる。

(3)　胆汁は肝臓でつくられ，胆のうに蓄えられ，十二指腸に出される。

(4)　肺胞が無数にあることで，肺の表面積を大きくすることができ，酸素と二酸化炭素の交換を効率よくすることができる。

(5)　柔毛の毛細血管からはブドウ糖とともにアミノ酸も吸収される。脂肪が分解されてできた脂肪酸やモノグリセリドは，再び脂肪に合成されて柔毛のリンパ管から吸収される。

④　(酸化と還元)

(1)　試験管内に空気が入ると，まだ熱い銅が酸素とさらに反応してしまう。

(2)　酸化銅と炭素の混合物を加熱すると，銅と二酸化炭素に変化する。この反応の化学反応式は，$2CuO + C \rightarrow 2Cu + CO_2$である。

(3)　反応の前後で物質の質量合計は等しくなる。図2より，加えた炭素の粉末の質量が0.18gを超えるあたりまでは，その質量と発生する二酸化炭素の質量が比例する。これは炭素がすべて反応するからである。しかし，加えた炭素の質量が0.24gや0.30gのとき，発生する二酸化炭素の質量は一定である。これは，すでに酸化銅がすべて反応してしまい，加えた炭素が残っているからである。2.80gの酸化銅に0.24gの炭素を入れ，反応後に試験管Aに残った物質の質量が2.27gなので，このとき発生する二酸化炭素の質量をx[g]とすると，2.80＋0.24＝2.27＋x　　x＝0.77[g]となる。このことから，酸化銅がすべて反応すると二酸化炭素は0.77g発生することがわかる。また，加えた炭素が0.06gのとき発生する二酸化炭素の質量は，2.80＋0.06－2.64＝0.22[g]である。0.06gの炭素から0.22gの二酸化炭素が発生するので，0.77gの二酸化炭素が発生するときの炭素の質量をy[g]とすると，0.22：0.06＝0.77：y　y＝0.21[g]となる。これが酸化銅とちょうど反応する炭素の質量になる。

(4)　加えた炭素の質量が0.30gのときすでに酸化銅がすべて反応してしまい，加えた炭素が残っているので，加熱後の試験管Aには生じた銅と未反応の炭素が残る。

(5) 酸化物から酸素を奪い取る反応を還元反応という。

5 （地層と岩石）

(1)・(3) 塩酸と反応して二酸化炭素を発生させるのは，石灰岩である。よって，すぐ下に石灰岩層がある右図の泥岩層がかぎ層なので，ウとなる。

(2) ① スケッチした化石の名称は，アンモナイトである。 ② アンモナイトは中生代に生息していたので，アンモナイトの化石が見つかった泥岩層は，中生代にできたものであると考えられる。このように，地層ができた年代がわかる化石を示準化石という。

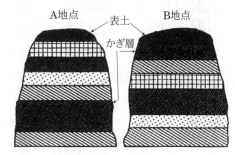

(4) ① 大きな結晶や小さな結晶が見られるのは，斑状組織である。 ② 斑状組織をもつ岩石は，マグマが地表近くで急激に固まった火山岩である。

(5) ① 火山の形がおわんを伏せたような形で，白っぽい火成岩が見られる火山は溶岩ドームとよばれる。溶岩ドームを形成するマグマはねばりけが強い。 ② 雲仙普賢岳や昭和新山は溶岩ドームとよばれる火山である。

太陽の南中高度

1の(3)で，夏至の日の太陽の南中高度を求める出題がある。太陽南中高度は，季節によって変わる。北半球の太陽の南中高度は次のようになる。

春分・秋分の日：90°－緯度

夏至の日： 90°－緯度＋23.4°

冬至の日： 90°－緯度－23.4°

※23.4°は地軸の傾き。地球の地軸と地球の公転面に垂直な直線とがつくる角度。

解　答

1	(1) ア	(2) ウ	(3) エ	(4) イ				
2	(1) イ	(2) エ	(3) ア	(4) カ				
3	(1) イ	(2) エ	(3) ア	(4) 8cm³	(5) 2：3			
4	(1) イ	(2) ウ	(3) ア	(4) ウ	(5) エ			
5	(1) イ	(2) ア	(3) ③ 16　④ 8	(4) エ				
	(5) bの長さ 10cm　実像の高さ 1cm							

配点　1 各5点×4　2 各5点×4　3 各4点×5　4 (2) 各4点×5
5 (5) 5点(完答)　他 各3点×5　計100点

解　説

1 （独立小問）

(1)　Aは呼吸の仕方が子とおとなで違うのでカエル。Bは肺呼吸，卵生，変温動物よりヘビ。Cはえら呼吸，卵生，変温動物よりフナ。Dは肺呼吸，胎生，恒温動物よりネズミ。Eは肺呼吸，卵生，恒温動物よりニワトリである。

(2)　水酸化ナトリウム水溶液を入れ始めても，水酸化物イオンOH⁻は塩酸中の水素イオンH⁺と結びついて水H₂Oになるため，ビーカー内の数は0のまま増えない。よって答えは，中和点の30cm³を過ぎて水酸化ナトリウム水溶液が余ると，水酸化物イオンOH⁻の数が増え始めるウ。なお，アは水素イオンH⁺，イはナトリウムイオンNa⁺，エは塩化物イオンCl⁻の数である。

(3)　初期微動を発生させるのはP波である。P波は20秒間で160km進んでいるので，P波の速さは160〔km〕÷20〔s〕＝8〔km/s〕である。

(4)　30kg(30000g)の質量の荷物にかかる重力は300Nだから，持ち上げる力も300Nである。5分(300秒)で高さ20mまで持ち上げたので，仕事率は，300〔N〕×20〔m〕÷300〔秒〕＝20〔W〕である。

第1回　第2回　第3回　第4回　第5回　第6回　第7回　第8回　第9回　第10回　解答用紙

2 （細胞分裂）

(1)　①　レンズを取り付ける際は，はじめに接眼レンズを取り付けてから，対物レンズを取り付けるので，①は正しい。

　②　対物レンズとプレパラートを近づける際は，接眼レンズをのぞかず，ぎりぎりまで近づけるので，②は間違いである。

　③　対物レンズの倍率を上げると，視野は暗くなるので，③は間違いである。

　④　顕微鏡でのぞくと，上下左右が逆さまになって見えることになるので，見たいものを左下にするときは，プレパラートを右上に動かす。④は間違いである。

　⑤　接眼レンズを15倍，対物レンズを40倍にすると，倍率は$15 \times 40 = 600$〔倍〕になるので，⑤は正しい。

　⑥　対物レンズだけを10倍から40倍にすると，試料の長さが$\frac{1}{4}$倍になり，面積は$\frac{1}{4} \times \frac{1}{4} = \frac{1}{16}$〔倍〕になるので，⑥は間違いである。

(2)　60℃のうすい塩酸を1分間つけるのは，1つ1つの細胞を離れやすくするためである。

(3)　核を染めるには，酢酸カーミン溶液や酢酸オルセインを使う。

(4)　細胞分裂を正しい順に並べると，③→⑤→①→④→⑥→②となる。

3 （中和）

(1)　塩酸とマグネシウム，水酸化ナトリウム水溶液とアルミニウムが反応すると，水素（H_2）が発生する。

(2)　塩酸の中に水酸化ナトリウム水溶液を加えていくと，塩酸が中和されるため，気体の発生は弱まるが，塩酸が完全に中和されたあとは水酸化ナトリウム水溶液が増えていくので，再び気体が発生する。

(3)　塩酸と水酸化ナトリウム水溶液が完全中和すると，塩化ナトリウムと水ができる。食塩の結晶は立方体の形をしている。

(4)　実験2の②と③よりC 4cm³とD 12.5cm³が同じはたらきをしていることから，D 15cm³分は，$4〔cm^3〕：12.5〔cm^3〕= x〔cm^3〕：15〔cm^3〕$より，C 4.8cm³と同じはたらきをすることがわかる。④からB液とC液の中和比は，$10〔cm^3〕：6〔cm^3〕= 5：3$なので，水酸化ナトリウム水溶液D 15cm³と完全中和する塩酸Bは，$5：3 = x〔cm^3〕：4.8〔cm^3〕$より，8cm³である。

(5)　②からA 10cm³はC 4cm³と，④からB 10cm³はC 6cm³と完全中和しているので，塩酸Aと塩酸Bの同体積にふくまれている塩化物イオンの比は$4：6 = 2：3$となる。

4 （前線と天気）

(1)　西高東低の気圧配置は，冬によく現れる気圧配置で，大陸には乾燥した低温のシベリア高気圧がある。この高気圧から吹き出す乾燥した北西の季節風には，日本海から水蒸気が供

給され，日本列島の日本海側で雲ができ，雪が降る。一方，水分の減った空気が太平洋側に流れ込むので，晴天になることが多い。

(2) ア…誤り。太平洋高気圧は，赤道で上昇した空気が降りてきたものである。

　イ…誤り。上空での気圧は，赤道から北極に向かって低くなるため，台風も北へ向かう。

　ウ…正しい。日本のような中緯度の上空では，つねに西から東へ偏西風が吹く。

　エ…誤り。偏西風の影響で，天気は関西から関東方面に移り変わる。

(3) Xに近い寒冷前線では，寒気が暖気の下にもぐり込んで，暖気が急に押し上げられ，積乱雲が発達する。Yに近い温暖前線では，暖気が寒気を押し戻し，暖気がゆるやかに上昇して，乱層雲が発達する。

(4) ア…誤り。地点Aには暖かい南風が吹いている。

　イ…誤り。地点Bには温暖前線による乱層雲がかかっている。

　ウ…正しい。低気圧の中心に近い等圧線ほど気圧が低い。

　エ…誤り。地点Aは前線の暖気側，地点Bは前線の寒気側にある。

(5) 図3で，乾球温度計が23.0℃，湿球温度計が20.0℃を指しており，その差が3.0℃である。表で，(23℃，3℃)を見ると，湿度は75％である。

5 （凸レンズ）

(1) 物体と同じ方向から見ると，上下左右が反対の実像がスクリーンにうつる。

(2) 物体と凸レンズの間の距離を短くすると，スクリーンと凸レンズの間の距離は長くなり，実像の大きさは大きくなる。

(3) 物体と凸レンズの間の距離が焦点距離の2倍にすると，スクリーンと凸レンズの間の距離も焦点距離の2倍になり，スクリーン上には物体と同じ大きさの実像がうつる。また，焦点上に物体を置くと虚像も実像もできない。

(4) 凸レンズの一部を黒い紙でおおっても，他の部分を通った光によって実像はできる。ただし，全体的に暗くなる。

(5) 物体ABの凸レンズによる実像DEは，次のようになる。

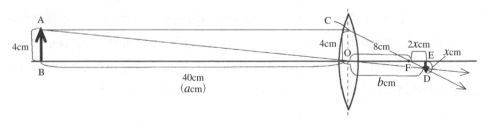

△COFと△DEFは相似の関係なので，DEを$x$cmとすると，EF$=x×8÷4=2x$〔cm〕である。また，△ABOと△DEOも相似なので，$4:40=x:(8+2x)$より，$x=1$〔cm〕である。したがって，$b=8+2×1=10$〔cm〕である。

65 | 第4回 解答・解説

解　答

1 (1) エ　(2) ウ　(3) ウ　(4) フロンガス
2 (1) イ　(2) イ　(3) ウ　(4) エ
3 (1) ア　(2) ア　(3) イ　(4) エ
4 (1) カ　(2) A ウ　B イ　(3) $2NaHCO_3 \rightarrow Na_2CO_3 + CO_2 + H_2O$
　 (4) エ　(5) 昇華　(6) 791cm³
5 (1) ウ　(2) 丸みを帯びている。　(3) ア　(4) 斑晶
　 (5) 等粒状組織　(6) ① チョウ石　② a Z　b イ　c ウ

配点　1 各4点×4　2 各4点×4　3 各4点×4
　　　4 (3),(5),(6) 各4点×3　他 各3点×4
　　　5 (6) ② 10点(完答)　他 各3点×6　計100点

解　説

1 (独立小問)

(1) オオカナダモを暗所に置いたのだから，光合成をせずに呼吸だけを行う。よって，酸素を吸収し，デンプンを消費し，二酸化炭素を放出する。BTB液は酸性になるため黄色になる。

(2) マグネシウムを溶かして水素が発生するような水溶液は，塩酸や硫酸など，強い酸性の水溶液である。ウが誤りで，BTB溶液が青色になるのはアルカリ性の水溶液。酸性の水溶液は，BTB溶液を黄色に変化させる。ア，イは酸性の水溶液の性質であり，エでは酸性を示す水素イオンH^+が陰極側へ移動する。

(3) 星の表面温度の高い順に，青白色(12000℃以上)，白色(約9000℃)，黄色(約6000℃)，赤色(約3000℃)である。

(4) 20世紀後半に，冷蔵庫などの冷媒やスプレー缶などに大量に使用されていたフロンガスは，上空のオゾン層を破壊することが判明し，国際的に使用が規制された。オゾン層がなくなると，紫外線の量が多くなり，皮膚がんの増加につながる。

2 （物体の運動）

(1) 物体が等速直線運動をしているとき，物体には力がはたらいていないか，力がつり合っている。このときの物体には下向きの重力と上向きの抗力がはたらき，2つの力はつり合っている。

(2) 物体は，摩擦がないAB間では等速直線運動を行うが，摩擦があるBD間では，速さがしだいに遅くなる。

(3) 物体は50cm（0.5m）を2.5秒間で移動したので，物体の平均の速さは，$\dfrac{0.5}{2.5}=0.2$〔m/s〕である。

(4) 物体が台を押す力F_1と台が物体を押し返す力F_2は作用と反作用の力である。作用・反作用の力は2つの物体にはたらく力，つり合う2力は1つの物体にはたらく力である。

3 （生殖と遺伝）

(1) 精子と卵が受精して次の世代ができる生殖が有性生殖である。一方，分裂（体細胞分裂）など受精なしで次の世代ができる生殖が無性生殖である。ジャガイモは地下茎の一部に栄養分を貯えた「いも」から次の世代が生まれるが，これは受精ではなく，無性生殖のうち栄養生殖とよばれる。なお，減数分裂は，精子や卵をつくるときの細胞分裂である。

(2) 体細胞の染色体は，図1のように同じ染色体が2本ずつである。体細胞分裂では，同じ染色体をもつ細胞ができる。

(3) 減数分裂は，精子や卵をつくるときの細胞分裂であり，染色体の数は$\dfrac{1}{2}$になるので，できた細胞の染色体は長いものと短いものがそれぞれ1本ずつになる。選択肢ではイだけがありうる。選択肢にはないが，イの黒白の色違いがあるので，実際は4通りの細胞ができる。

(4) 黄色の子葉となる遺伝子をA，緑色の子葉となる遺伝子をaとすると，下線部のエンドウのもつ遺伝子はAaである。このエンドウがつくる花粉や卵細胞はAとaがあるので，受精の組み合わせによってできる子の遺伝子は，AA，Aa，Aa，aaとなる。このうち，最初の3つが黄色の子葉となり，最後のaaが緑色の子葉となる。

4 （炭酸水素ナトリウムの分解）

(1) ガスバーナーを点火するときは，「元栓→ガス調節ねじ（①・②）→空気調節ねじ（③）」の順に開け，火を消すときは，「空気調節ねじ（④）→ガス調節ねじ（⑤）→元栓」の順に閉める。

(2)・(3) 炭酸水素ナトリウム$NaHCO_3$を加熱すると，炭酸ナトリウムNa_2CO_3と二酸化炭素CO_2と水H_2Oに分解する。発生した二酸化炭素を石灰水に通すと白く濁り，水を青色の塩化コバルト紙につけると赤色になる。

(4) 発生した水が試験管の加熱部分に流れこむと，試験管が急冷して割れるおそれがある。

(5) 二酸化炭素を冷やすと，およそ－80℃で固体のドライアイスになる。このような気体か

ら固体に変化する状態変化を昇華という。

(6)　1cm³のドライアイスの質量が1.565gである。一方，1m³(1000000cm³)の二酸化炭素の質量が1.979kg(1979g)なので，1cm³のドライアイスをつくるのに必要な二酸化炭素は，1.565÷(1979÷1000000)＝790.8…[cm³]より，約791cm³である。

5 （堆積岩と火成岩）

(1)　ルーペは目から離さないように使う。本問のように手に持った岩石を観察するときは，ルーペを動かさず，岩石を前後に動かしてピントを合わせるウ。もし，崖にある岩石のように動かせないときは，目とルーペをくっ付けたまま，顔ごと前後させてピントを合わせるエ。

(2)　凝灰岩は，火山灰が空中を飛んできて堆積するので，1つ1つの粒が角ばったままである。一方，れきや砂などは，水の流れによって運ばれてくる間に，ぶつかったり削られたりするために，粒のかどが取れて丸みを帯びている。

(3)・(4)　岩石Bには，小さな粒からなる石基と，大きな粒である斑晶が見られる。これは，マグマが地上や地下の浅いところで，急に冷え固まったためにできる斑状組織である。このような組織をもつ岩石のなかまを火山岩といい，玄武岩や安山岩，流紋岩などがある。

(5)　岩石Cは，すべて大きな結晶からできている。これは，マグマが地下の深いところでゆっくり冷え固まったためにできる等粒状組織である。このような組織をもつ岩石のなかまを深成岩といい，はんれい岩や閃緑岩，花こう岩などがある。

(6)　①　火山岩や深成岩に多く含まれ，白色や桃色の鉱物は，長石である。

　　②　岩石Bは，黒っぽい火山岩のなかまで，玄武岩である。ねばりけの小さな溶岩を大量に流し出す噴火をするため，爆発的ではなくおだやかである。このタイプの火山は，ハワイのマウナロアやキラウエアが代表的で，日本の伊豆大島や三宅島にもある。白っぽい岩石Cは深成岩なので，ふつう火山の噴火をすることはないが，同じ成分の火山岩である流紋岩であれば，マグマのねばりけが強く，爆発的な噴火を起こすこともある。

呼吸と光合成

　1の(1)で，呼吸についての出題がある。呼吸と光合成による物質の移動はしっかりとまとめておきたい。

　　光合成：二酸化炭素＋水→デンプン＋酸素

　　呼吸　：酸素＋栄養分→二酸化炭素＋水

解答

1　(1)　ウ　(2)　再結晶　(3)　ア　(4)　ウ
2　(1)　ア　(2)　ウ　(3)　① H_2　② O_2　(4)　イ
3　(1)　オ　(2)　イ　(3)　カ　(4)　ウ
4　(1)　カ　(2)　ア　(3)　イ　(4)　ウ
5　(1)　エ　(2)　エ　(3)　イ　(4)　カ　(5)　イ

配点　1　各5点×4　　2　各5点×4　　3　各5点×4　　4　各5点×4
　　　5　各4点×5　　計100点

解　説

1　(独立小問)

(1)　植物①は，葉脈・茎の維管束・根のようすから双子葉類とわかり，花弁が離れていることから離弁花類のナズナであるとわかる。植物②は，葉脈・茎の維管束・根のようすから双子葉類とわかり，花弁がくっ付いていることから合弁花類のアサガオとわかる。植物③は，葉脈・茎の維管束・根のようすから単子葉類であることから，ツユクサとわかる。植物④は，根，茎，葉の区別，維管束があり，胞子のうがあることからシダ植物のイヌワラビとわかる。植物⑤は，根，茎，葉の区別がなく，胞子のうがあることからコケ植物のゼニゴケとわかる。

(2)　固体を一度水に溶かし，再び結晶にすることで，純度の高い結晶を得ることができる。この方法を，再結晶という。

(3)　エネルギーの大きいS波は固体中だけを伝わるので，揺れは海の影響はほとんど受けない。マグニチュードが1違うと，放出されるエネルギーは約32倍違う。揺れを伝える速さとマグニチュードは関係しない。

(4)　おもり1個の重さをx[N]とすると，ばねAには$3x$[N]の力がかかるので，ばねののびは$2.0 \times 3x = 6x$[cm]であり，ばねの長さは$8 + 6x$[cm]となる。ばねBにはおもり$2x$[N]の力がかかるので，ばねののびは$1.5 \times 2x = 3x$[cm]であり，ばねの長さは$14 + 3x$[cm]となる。ばねAとばねBの長さが等しいので，$8 + 6x = 14 + 3x$より，$x = 2$[N]となる。

第
1
回

第
2
回

第
3
回

第
4
回

第
5
回

第
6
回

第
7
回

第
8
回

第
9
回

第
10
回

解答用紙

2 （水の電気分解）

(1) 純粋な水は電流を通さない。水酸化ナトリウムは電解質であり，水に溶けてイオンに分かれるので電流が流れやすくなる。水酸化ナトリウム自体は電気分解されず，水が電気分解される。

(2) 水の電気分解では，陰極に水素H_2，陽極に酸素O_2が発生する。酸素を確かめる方法として適するのはウである。空気中ではふつう炎を上げない線香が，酸素に近づけると炎を上げて燃える。アは二酸化炭素CO_2，イは燃える気体である水素H_2，エは漂白作用のある塩素Cl_2を確かめる方法である。

(3) 水H_2Oを分解すると，水素H_2と酸素O_2ができる。化学反応式で，$H_2O→H_2+O_2$では酸素の数が合わない。酸素の数を合わせるため，H_2Oを2個にして，H_2も2個にして完成する。

(4) 水の電気分解では，陰極の水素H_2と，陽極の酸素O_2が，2：1の体積比で発生する。本問では，陰極に水素が2.0cm^{3}集まったので，酸素の量は1.0cm^{3}である。

3 （電流と電圧）

(1) 図2において，電圧計の－端子は15Vにつないであるので，1目盛りが0.5Vである。また，電流計の－端子は500mAにつないであるので，1目盛りが10mAである。

(2) 電熱線②には4.5Vの電圧がかかり，0.3Aの電流が流れているので，抵抗の大きさは，4.5[V]÷03[A]＝15[Ω]である。一方，電熱線①には6.0[V]－4.5[V]＝1.5[V]の電圧がかかり，0.3Aの電流が流れているので，抵抗の大きさは，1.5[V]÷0.3[A]＝5[Ω]である。

(3) 図3では，電熱線①と電熱線②が並列につながっているので，回路全体に流れる電流は，6.0[V]÷15[Ω]＋6.0[V]÷5[Ω]＝1.6[A]である。

(4) 実験Ⅱでは，電熱線が並列につながっているので，電源の電圧がかかり，抵抗の小さい電熱線①には，大きな電流が流れる。

4 （人の体のしくみ）

(1) 光の刺激を受け取るのは網膜である。①は角膜，②は水晶体(レンズ)，③は網膜，④は(視)神経である。

(2) 円の色の変化の刺激は感覚神経を通り大脳で判断する。大脳で判断した指令はせきずいを通り，運動神経を介して筋肉にはたらきかけ，マウスをクリックする。

(3) 熱いものに触ったときやとがったものを触ったとき手を引っ込める動作は，大脳で判断しない。よって，刺激→感覚神経→せきずい→運動神経→筋肉といった経路をたどる。このような反応を反射という。

(4) 反射は無意識に起こるものである。

⑤　（太陽と月）

（1）　太陽の光はたいへん強く，望遠鏡で見ると目を傷める。

（2）　太陽の直径が地球の直径の109倍である。また，太陽の直径が10cmに写っているときの黒点の直径が2mm＝0.2cmである。よって，黒点の直径は，地球の直径に比べ，$109 \times \dfrac{0.2}{10}$ ＝2.18〔倍〕である。

（3）　地球から見て，太陽の光が当たっている部分がすべて見えるウが満月であり，アが北半球から見て右半分が明るい上弦の月である。図3は，上弦の月と満月の間の形だから，位置はアとウの中間であるイである。

（4）　ア…誤り。月食は満月が欠けて見える。イ…誤り。月食は満月に地球の影が映る現象なので，太陽の大きさは関係ない。ウ…誤り。東側から欠け始め，東側から明るくなる。エ…誤り。地球と月の公転軌道が傾いて交わっているため，満月でも毎回月食になるとは限らない。オ…誤り。地球の影の中であっても，太陽光の一部が地球の大気で屈折するため，かすかな赤い光が月面に当たっている。カ…正しい。月食は満月に地球の影が映って起こる。

（5）　月食のとき，太陽・地球・月の順に一直線に並んでいる。地球の影のために，月には太陽の光が当たっておらず，月から見ると太陽が全部隠れて見える。イが正しい。

日食と月食

　⑤で，月食についての出題がある。日食と月食についてまとめておこう。

日食：太陽が月に隠される現象。太陽－月－地球が一直線上に並んだときに起きる。このとき，月は地球から見た新月の位置にある。

月食：月が地球の影の中に入る現象。太陽－地球－月が一直線上に並んだときに起きる。このとき，月は地球から見た満月の位置にある。

解　答

1　(1) エ　(2) ① ウ　② エ　③ イ　(3) エ　(4) ウ, キ
2　(1) ① ア　② ア　③ イ　(2) 肺胞　(3) エ
　　(4) ① 18.0L　② 540g　③ 酸素　380.0L　二酸化炭素　342.0L
3　(1) キ　(2) ウ　(3) ウ　(4) オ　(5) ウ
4　(1) ア　(2) ア　(3) ② ク　③ ウ　⑤ オ　(4) カ
　　(5) イ
5　(1) エ　(2) エ　(3) エ　(4) ウ　(5) イ

配点　1 各3点×6　2 各2点×8　3 各5点×5　4 各3点×7
　　　5 各4点×5　計100点

解　説

1　(独立小問)

(1)　ユリは単子葉類の植物であり，子葉は1枚である。葉は細長く，葉脈は平行に近い。根は同じ太さのものが多数のびるひげ根である。

(2)　①について，◎は，曇りを表す天気記号である。②について，右図のアの線は風向を表しているので，風は南南東から吹いていることがわかる。③について，右図のイの線の数が風力を表しているので，風力は1であることがわかる。

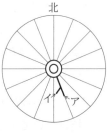

(3)　亜鉛は塩酸に溶け，陽イオンの亜鉛イオンとなり電子を放出する。

(4)　太陽光発電では，光電池で光エネルギーが電気エネルギーに変えられる。燃料電池発電では，水素と酸素が化合して水ができる反応を利用して電気エネルギーを取り出している。火力発電では，化石燃料などを燃焼させて発生した熱で水蒸気を発生させ，水蒸気によってタービンを回している。水力発電では，ダムなどで落下する水によってタービンを回している。原子力発電では，核燃料を燃焼させて発生した熱で水蒸気を発生させ，水蒸気によってタービンを回している。風力発電では，風によってタービンを回している。地熱発電では，地熱で水蒸気を発生させ，水蒸気によってタービンを回している。

113

2 （ヒトの呼吸のしくみ）

(1) 肺は筋肉をもたず，ろっ骨と横隔膜によって動かされている。息を吸うときは，ろっ骨の間にある筋肉によってろっ骨が上がり，横隔膜が下がることで，胸の空間(胸腔)が広がり，肺がふくらむ。逆に，息を吐くときは，ろっ骨が下がり，横隔膜が上がる。

(2) 肺は1つの大きな袋ではなく，数億個の小さな袋である肺胞が集まっている。これにより，肺と毛細血管が触れる表面積が増え，酸素と二酸化炭素の交換が効率よく行われている。

(3) Aは肺から心臓の左心房へ向かう血管であり，動脈血が流れているが，血管の名前は肺静脈である。Bは心臓の右心室から肺へ向かう血管であり，静脈血が流れているが，血管の名前は肺動脈である。

(4) ① 1分間に吸い込んだ6.0Lの気体のうち，20.9%が酸素である。一方，はく息では酸素は15.9%であり，20.9－15.9＝5.0[%]が血液中に取り込まれている。よって，1分間に取り込まれた酸素は，6.0×0.050＝0.30[L]である。1時間では，0.30×60＝18.0[L]となる。

② 1日に取り込まれた酸素は，①より18.0×24＝432[L]である。酸素0.75Lが1gだから，酸素432Lは，432÷0.75＝576[g]である。問題文より，呼吸によって消費されるブドウ糖と酸素の質量比を用いると，ブドウ糖：酸素＝180：192＝x：576より，x＝540[g]となる。

③ 尿素中の窒素が8gのとき，タンパク質の分解に伴って吸収された酸素は6.0×8＝48.0[L]であり，排出された二酸化炭素は4.8×8＝38.4[L]である。これ以外の酸素と二酸化炭素は，炭水化物や脂肪の分解に伴うものだから，吸収された酸素は428.0－48.0＝380.0[L]，排出された二酸化炭素は380.4－38.4＝342.0[L]となる。

3 （化学変化と質量）

(1) 実験1で，鉄とマグネシウムは酸素と結びついて質量が大きくなる。炭酸水素ナトリウムと酸化銀は分解して質量が小さくなる。酸化銅は何も起こらず質量は変わらないのでEと決まる。酸化銅がEである選択肢オとキのうち，鉄は質量が大きくなるのでCはありえず，Dと決まる。

(2) 粉末Dの1.00gに結びつく酸素は，7：3＝1.00：xより，x＝0.4285…[g]となる。よって，結びついてできる物質(酸化鉄)は，1.00＋0.4285…で，四捨五入により1.43gとなる。

(3) 実験3のことから，下線部の気体は二酸化炭素である。選択肢では，アは酸素，イは水素，ウは二酸化炭素，エはアンモニアが発生する。

(4) 実験2で，炭酸水素ナトリウムは炭酸ナトリウムと水と二酸化炭素に分解される。酸化銀は銀と酸素に分解される。これと実験3から，Bが酸化銀，Cが炭酸水素ナトリウムと決まる。粉末Bのとき試験管に集まる気体は酸素である。酸素は，物が燃えるときに使われる気体である。酸素は水に溶けにくく，わずかに溶けるものの水溶液は酸性にはならない。

(5) 混合物2.5gのうち80％にあたる2.5×0.8＝2.0〔g〕が粉末Aで，残り0.5gが不純物である。実験1では1.00gの粉末Aを加熱すると，1.60gの生成物ができる。よって，2.0gの粉末Aからは，1.00：1.60＝2.0：xより，x＝3.2〔g〕の生成物ができる。これと，反応しなかった不純物0.5gがあるので，最後に残った物質は，3.2＋0.5＝3.7〔g〕である。なお，粉末Aはマグネシウムである。

4 （地層と岩石）

(1) 固体は温度が高くなり融点に達すると液体になる。固体が液体になると，質量は変わらず，体積が大きくなるため，密度は小さくなる。

(2) カンラン石は，黄緑色～褐色で，丸みを帯びた短い柱状をしている。濃い緑色～黒色で，長い柱状や針状をした鉱物はカクセン石である。

(3) ①は流紋岩，②は安山岩，③は玄武岩，④は花こう岩，⑤はせん緑岩，⑥は斑れい岩である。

(4) 有色鉱物は高い温度で結晶になるので，白っぽい岩石に多くふくまれるセキエイになる成分の割合が多いマグマの温度は低いことがわかる。また，マグマは温度が低いほどねばりけが強いので，できる火山の形はおわんを伏せたような形になる。

(5) 日本列島付近の上空には偏西風とよばれる強い西風が吹いているため，火山が吹き上げた火山灰は，火口から東の方角に広がることが多い。

5 （レール上の小球の運動）

(1) BC間では，小球は等速直線運動をしており，小球にかかる力はつり合っている。重力はつねに真下にはたらいている。また，レールが小球を下から上に押す垂直抗力が真上にはたらいている。これらの力の大きさは等しい。

(2) Dのあともレールがのびていれば，小球は最初と同じ高さまで上がって，最高点で静止するはずである。しかし，Dでレールが途切れており，その後の空中の最高点でも小球は右向きに動いているため，運動エネルギーは0にならない。運動エネルギーと位置エネルギーの和は保存されるので，位置エネルギーは最初の大きさになることができず，最高点はもとの高さよりもやや低い位置にとどまる。

(3) Fでの運動エネルギーが，転がした点の位置エネルギーの$\frac{1}{5}$だから，Fでの位置エネルギーは$\frac{4}{5}$ある。よって，Fの高さは，転がした点の高さの$\frac{4}{5}$で，4mである。

(4) 最高点での運動エネルギーは0で，位置エネルギーは，転がした点の位置エネルギーの$\frac{2}{5}$だから，最初のエネルギーの$\frac{3}{5}$が失われている。摩擦力のした仕事によって，このエネルギーが失われているので，仕事の大きさも最初のエネルギーの$\frac{3}{5}$である。なお，摩擦力のし

た仕事とは，摩擦力の大きさとPQ間の距離の積だが，本問ではそれらの具体的な値は必要がなく，失われたエネルギーの大きさから答えることができる。

(5)　実験 2 の最初の位置エネルギーを 1 として考える。PQ間を通過すると，(4)より $\frac{3}{5}$ のエネルギーが失われる。PQ間を往復で通過できているので，Aでもっていた位置エネルギーは $\frac{6}{5}$ よりも大きい。次に，(3)よりFの位置エネルギーは $\frac{4}{5}$。小球はFで運動エネルギーをすべて失い脱線したので，Aでもっていた位置エネルギーは $\frac{6}{5}+\frac{4}{5}=2$ と考えられる。よって，Aの高さは5mの2倍の10mと考えられる。

65 第7回　解答・解説

解　答

1　(1)　ア　(2)　ウ　(3)　イ　(4)　エ
2　(1)　①　消化管　②　炭水化物　⑤　柔毛(柔突起)　⑨　アミノ酸
　　(2)　細胞呼吸　(3)　③　(4)　c　オ　d　オ　e　エ　f　オ
　　(5)　胆汁　(6)　ア　(7)　イ
3　(1)　エ　(2)　ア　(3)　エ　(4)　ウ
4　(1)　緊急地震速報　S波　(2)　マグニチュード　(3)　P波　6km/s
　　S波　3km/s　(4)　エ　(5)　浅い　ア　深い　イ　(6)　6
　　(7)　54秒
5　(1)　エ　(2)　ア　(3)　イ　(4)　ク　(5)　ア

配点　1　各2点×4　　2　各2点×13　　3　各4点×4
　　　4　(1)，(5)　各5点〔完答〕×2　　他　各4点×5　　5　各4点×5　　計100点

解　説

1　(独立小問)

(1)　顕微鏡の倍率を上げると，視野が狭く，暗くなる。レボルバーを回して倍率を変える前に見えるものを視野の中央にくるようにしてから，明るさを反射鏡で調節する。

(2)　吸熱反応とは化学反応が進むと外部から熱を吸収する反応で，周囲の温度は熱が奪われるため低くなる。吸熱反応の例としては，水酸化バリウムと塩化アンモニウムが反応してアンモニアが発生する化学変化がある。化学反応が進むと熱を発生する反応は，発熱反応という。発熱反応の例としては，有機物の燃焼や鉄の酸化などがある。

(3)　季節を代表する星座は，地球から見て太陽と反対側に見える。地球は太陽の周りを北極側から見て反時計回りに公転しているので，星座を北半球で同じ時刻に観測すると，日を追うごとに西の方角に移動していくように見える。オリオン座は，北半球では東→南→西と時計回りのように動いて見えるが，南半球では逆向きの反時計回りに動いて見える。

(4)　物体にはたらく力がつり合うとき，物体は静止したままであったり，等速で運動を続ける。ここでのつり合う2力はDとEの力で，どちらもばねにはたらく力である。EとFは，力

117

が2つの物体にはたらいており，作用・反作用の力を示している。

2 　（人の体のつくり-消化・吸収）

(1) 　① 　食物を消化し吸収するはたらきのある，口から肛門までの一続きの管が消化管である。

　②・③・④ 　食物の栄養分のうち，主にエネルギーとなるのは，デンプンなどの炭水化物と，脂肪である。また，エネルギーであるとともに，からだをつくる材料になるのがタンパク質である。

　⑤・⑥・⑦ 　栄養分は，小腸の壁に無数にある柔毛から毛細血管やリンパ管に吸収される。しかし，栄養分の分子はそのままでは大きすぎるので，消化液に含まれる消化酵素で，ある程度まで分解してから吸収する。

　⑧・⑨ 　脂肪は水と混ざらないので，まず胆汁と混ぜて脂肪を小さな粒に変える[乳化する]。それから，すい液にふくまれる消化酵素のリパーゼがはたらいて分解される。タンパク質は，胃液，すい液，腸液にふくまれる酵素でアミノ酸に分解される。

　以上，すべての空欄を埋めると，①消化管　②炭水化物　③脂肪　④タンパク質　⑤柔毛　⑥消化液　⑦消化酵素　⑧胆汁　⑨アミノ酸，となる。

(2) 　細胞は，栄養分となる有機物を，酸素を使って分解し，生命活動のエネルギーを取り出す。その結果，二酸化炭素と水が排出される。これが細胞の呼吸である。

(3) 　②の炭水化物はブドウ糖に，④のタンパク質はアミノ酸に分解されて，これらは柔毛で毛細血管に吸収される。一方，③の脂肪は，脂肪酸とモノグリセリドにいったん分解され，柔毛のリンパ管に吸収される。

(4) 　(c)～(f)は，⑥消化液にふくまれる⑦消化酵素である。(c)のアミラーゼは，デンプンを分解する酵素で，だ液やすい液にふくまれる。(d)のリパーゼは，脂肪を分解する酵素で，すい液にふくまれる。(e)と(f)はタンパク質を分解する酵素で，(e)のペプシンは胃液にふくまれ，酸性状態ではたらくが，(f)のトリプシンはすい液にふくまれる。

(5)・(6) 　脂肪は，まず胆汁で小さな粒に変えられてから，すい液にふくまれる消化酵素のリパーゼがはたらいて分解される。胆汁は肝臓でつくられる黄土色の消化液で，肝臓でつくられ，胆のうにためられている。

(7) 　植物は消化されにくいので，草食動物の腸は長い。ウマの腸の長さはウマの体長の10～12倍程度である。一方，肉食動物の腸は短い。ライオンの腸の長さはライオンの体長の4倍程度である。雑食のヒトは，ライオンよりやや長い4～5倍程度である。

3 　（酸とアルカリ－塩酸と水酸化ナトリウム水溶液の中和）

(1) 　試験管Aでは，水溶液Xを$1cm^3$だけ入れ，そこに水溶液Yを$5cm^3$入れたところ0.10gのマグネシウムはすべて溶けたが，試験管B～試験管Eにかけて，水溶液Xの量を少しずつ増や

していくと，溶け残るマグネシウムの量が増えていくことから，水溶液Xが水酸化ナトリウム水溶液，水溶液Yが塩酸であることがわかる。試験管Bにおいて，水酸化ナトリウムが$NaOH→Na^++OH^-$のように電離している。ここに，塩酸を少しずつ加えていくと，塩化水素HClが電離して生じた水素イオンH^+と水酸化物イオンOH^-が結びついて水H_2Oが生じるので，水酸化物イオンOH^-

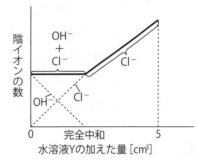

の数は減るが，同じ数の塩化物イオンCl^-が増えるので，陰イオンの全体の数は変わらない。ただし，完全に中和してからは，加えた塩酸が電離して生じた塩化物イオンCl^-の数だけ陰イオンが増える。

(2) 塩酸とマグネシウムが反応すると水素が発生する。

(3) $5cm^3$の塩酸中にふくまれている水素イオンの数N_3が最も多い。反対に，試験管Eでは，0.10gのマグネシウムがそのまま残っているので，塩酸は水酸化ナトリウム水溶液によって完全に中和したことがわかる。したがって，試験管Eにふくまれている水素イオンの数N_2は0である。

(4) 残ったマグネシウムの質量を試験管Bと試験管Cで比べると，$0.05-0.02=0.03$[g]増加し，試験管Cと試験管Dで比べると，$0.08-0.05=0.03$[g]増加するので，水酸化ナトリウム水溶液$1cm^3$が，塩酸を中和して，0.03gのマグネシウムが溶けなくなることがわかる。したがって，試験管Aと試験管Bを比べると，試験管Aでは，さらに$0.03-0.02=0.01$[g]のマグネシウムを溶かすことができるので，0.10gのマグネシウを加えると，残ったマグネシウムは，$0.10-0.01=0.09$[g]である。

4 （地震）

(1) 地震発生後にできる限り早く震源や規模を推定し，予想された各地の震度や到達時刻を知らせる警告を緊急地震速報という。緊急地震速報は主要動を起こすS波の到着を事前に知らせる情報である。

(2) 地震の規模を表す指標をマグニチュードという。

(3) P波は10秒間で60km進んでいるので，P波の速さは，60[km]$÷10$[s]$=6$[km/s]である。S波は10秒間で30km進んでいるので，S波の速さは，30[km]$÷10$[s]$=3$[km/s]である。

(4) 震源からの距離と，初期微動継続時間は比例の関係であるので，エが正解である。

(5) 浅い地震は，等間隔の同心円状に広がるが，深い地震は，イのように中心部の幅が広い形となる。

(6) 初期微動継続時間であるtは，$\dfrac{d[\text{km}]}{3[\text{km}]}-\dfrac{d[\text{km}]}{6[\text{km}]}$ で表せる。$t=\dfrac{d}{3}-\dfrac{d}{3}=\dfrac{2d}{6}-\dfrac{d}{6}=\dfrac{d}{6}$ となるので，変形して，$d=6t$となる。

（7）　震源からの距離が12kmの観測点にP波が到達するのは，12〔km〕÷6〔km/s〕＝2〔s〕後である。その4秒後に緊急地震速報が出されたので，緊急地震速報は地震が発生してから，2〔s〕＋4〔s〕＝6〔s〕後に出されたことになる。震源からの距離が180kmの地点にS波が到着するのは，180〔km〕÷3〔km〕＝60〔s〕後なので，震源から180kmの地点では，緊急地震速報の発表から主要動を観測するまでの時間は60〔s〕－6〔s〕＝54〔s〕である。

5　（電流と発熱）

（1）　銅は電気抵抗が小さく電流が流れやすいため，導線に使われる。

（2）　熱量〔J〕＝電力〔W〕×時間〔s〕なので，6〔W〕×300〔s〕〔5分間〕＝1800〔J〕＝1.8〔kJ〕

（3）　ヒーターA，Bは並列につながっているため，ヒーターA，Bそれぞれに6Vの電圧が加わっている。電力〔W〕＝電圧〔V〕×電流〔A〕なので，ヒーターAに流れる電流の大きさは，6〔W〕＝6〔V〕×x〔A〕より，1Aである。よって，オームの法則〔$V=RI$〕より，ヒーターAの抵抗は，6〔V〕＝x〔Ω〕×1〔A〕より，6Ωとなる。ヒーターBに流れる電流の大きさは，12〔W〕＝6〔V〕×x〔A〕より，2Aである。よって，オームの法則〔$V=RI$〕より，ヒーターBの抵抗は，6〔V〕＝x〔Ω〕×2〔A〕より，3Ωとなる。ヒーターBの電気抵抗は，ヒーターAの電気抵抗の3〔Ω〕÷6〔Ω〕＝0.5〔倍〕となる。

（4）　ヒーターBのワット数は，ヒーターAの2倍なので，発熱量もヒーターAの2倍となる。よって，クのグラフになる。

（5）　図2の装置では，ヒーターAとヒーターBは直列につながっている。よって，回路全体の合成抵抗は，6〔Ω〕＋3〔Ω〕＝9〔Ω〕となり，流れる電流は，6〔V〕＝9〔Ω〕×x〔A〕より，約0.67Aとなる。図2は図1より少ない電流が流れているので，図1のほうが，水の温度上昇が大きい。

解　答

1 (1) ア　(2) エ　(3) ウ
　(4) エ

2 (1) エ　(2) イ　(3) エ
　(4) ウ　(5) イ

3 (1) 23時間56分　(2) イ
　(3) X 25°　Y 0°
　(4) 40320km　(5) ア
　(6) エ

4 (1)〜(5), (7) 右図　(6) 2N

5 (1) エ, オ
　(2) ① 花粉管　② 胚珠　③ 胚
　(3) ウ
　(4) 2番目 ウ　4番目 イ
　(5) 3時間20分

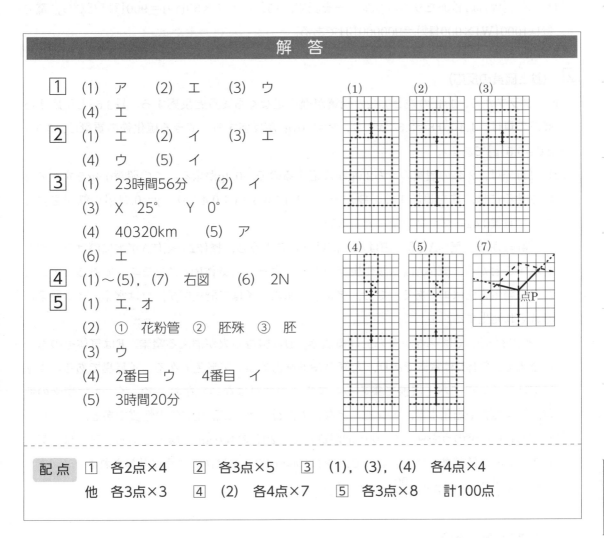

(1) (2) (3) (4) (5) (7) 点P

配点　1 各2点×4　2 各3点×5　3 (1), (3), (4) 各4点×4
他 各3点×3　4 (2) 各4点×7　5 各3点×8　計100点

解　説

1 **(独立小問)**

(1) 陸上にすむ軟体動物(カタツムリなど)は, 肺呼吸を行うので, アは間違いである。

(2) 電子オルゴールが鳴るのは, 水溶液と金属板が電池になっているときである。水溶液は電解質でなければならず, イオンに分かれない砂糖水ではできない。また, 2種類の異なる金属板を使う必要があり, より溶けやすい金属板が－極になる。

(3) 短時間に激しい雨が降るのは, 寒冷前線の後面である。低気圧や前線は東に向かって移動するので, 図3の後, 短時間に激しい雨が降るのは, これから寒冷前線が通過するC地点

である。

（4）　電力〔W〕は1秒あたりのエネルギーを表す。15〔分〕＝15×60〔秒〕＝900〔秒〕だから，電力量は1000〔W〕×900〔秒〕＝900000〔J〕である。

2　（鉄と硫黄の反応）

（1）　グラフから，1.4gの鉄と0.8gの硫黄が過不足なくちょうど反応する。鉄3.5gと反応する硫黄の量は，1.4：0.8＝3.5：xより，x＝2.0〔g〕が反応する。できる硫化鉄の質量は，3.5＋2.0＝5.5〔g〕である。

（2）　（1）では，2.4gの硫黄のうち2.0gが反応するので，0.4gが余る。この硫黄0.4gをすべて反応させるには，鉄を追加する必要がある。1.4：0.8＝y：0.4より，y＝0.7〔g〕の鉄が必要である。硫黄0.4gをグラフで読んでもよい。

（3）　操作1から，気体Aと気体Bは水に溶ける。このうち，操作2で気体Aが水に溶けると酸性を示すことから，気体Aは二酸化炭素である。よって，気体Bはアンモニアである。アンモニアの発生方法はエである。なお，アは硫化水素，イは二酸化炭素，ウは水素，オは酸素がそれぞれ発生する。

（4）　操作3から，Cは線香が炎を上げる酸素，Dは線香の火が消える窒素，Eは気体そのものが燃える。気体Dは窒素であり，大気の78％を占める。ア無色である。イ無臭である。ウ水に溶けにくいので水上置換で集める。エやオの性質はない。なお，ア，イ，エは塩素の性質，イは塩素や塩化水素，アンモニアなどの性質，オは二酸化炭素の性質である。

（5）　空気500cm³のうち80％の400cm³が窒素で，20％の100cm³が酸素である。表には，気体1000cm³の質量が書かれているので，空気500cm³の質量は次のように計算される。

$$1.16 \times \frac{400}{1000} + 1.33 \times \frac{100}{1000} = 0.597 \text{〔g〕}$$

3　（地球の公転と季節）

（1）　地球は自転すると同時に太陽のまわりを公転している。地球は1年で太陽のまわりを1周するので，1日で約1°公転する。地球の自転の向きと公転の向きは同じなので，地球は24時間で360＋1＝361〔°〕回転していることになる。よって，1回自転するのにかかる時間をx時間とすると，24〔h〕：361〔°〕＝x〔h〕：360〔°〕　　x＝23.933…〔h〕より，0.93時間＝55.8分だから，地球が1回自転するのに要する時間は23時間56分である。

（2）　現在の地球では，春分の日と秋分の日に自転軸が公転面に対して垂直となる。よって，仮定の地球では，自転軸がつねに春分・秋分の日と同じ状態になるので，日の出の方角は，毎日，現在の地球の春分・秋分の日と同じ方角となる。

（3）　地球の自転軸が公転面に対して垂直であるとき，南中高度は「90－緯度」で求められる。よって，X地点の緯度は，90－x＝65　　x＝25〔°〕，Y地点の緯度は，90－y＝90　　y＝0〔°〕

(4)　(3)より，X地点とY地点の緯度の差は25－0＝25[°]であるから，中心角25°の弧の長さが2800kmといえる。子午線の1周の距離は円周と考えることができるので，子午線の1周の距離を$x$kmとすると，25[°]：2800[km]＝360[°]：x[km]　　　x＝40320[km]

(5)　地球の自転軸が公転面に対して垂直であるとき，太陽光の当たり方が1年を通して一定なので季節の変化は生じない。

(6)　北極星は地球の自転軸のほぼ延長線上にあるため，同じ地点ではいつ観測しても北極星の位置は変わらない。

4 （力の作図）

(1)　本問の作図においては，問題文に書かれている事項に正しくしたがう必要がある。物体Aの重さが100gなので，「物体Aにはたらく重力」は1Nである。だから，物体Aの中央から真下向きに1目盛りの矢印を描く。図4で物体Aに接している物は，物体Bだけである（空気の影響はないという条件がある）。だから，重力以外で物体Aにはたらく力は，「物体Bが物体Aを上向きに押す力（垂直抗力）」だけである。これは，「物体Aにはたらく重力」とつり合うので，大きさは1Nである。だから，物体Aと物体Bが接している面の中央から真上向きに1目盛りの矢印を描く。

(2)　物体Bの重さが200gなので，「物体Bにはたらく重力」は2Nである。だから，物体Bの中央から真下向きに2目盛りの矢印を描く。図4で物体Bに接している物は，物体Aと床である。だから，重力以外で物体Bにはたらく力は，「物体Aが物体Bを下向きに押す力」と，「床が物体Bを上向きに押す力」である。前者は，(1)で考えた「物体Bが物体Aを上向きに押す力」の反作用なので，大きさは1Nである。だから，物体Bと物体Aが接している面の中央から真下向きに1目盛りの矢印を描く。後者は，物体Bにはたらく力のつり合いから，1[N]＋2[N]＝3[N]である。だから，物体Bと床が接している面の中央から真上向きに3目盛りの矢印を描く。

(3)　作用・反作用の関係にある力とは，力を与える物と受ける物が入れ替わった力である。本問では，(1)で描いた「物体Bが物体Aを上向きに押す力」と，(2)で描いた「物体Aが物体Bを下向きに押す力」が，作用・反作用の関係にある。なお，(2)で描いた「床が物体Bを上向きに押す力」に対し，「物体Bが床を下向きに押す力」も作用・反作用の関係にあるが，(1)，(2)で図示した力ではないので，本問の解答にはならない。

(4)　糸の質量は無視するので，糸にかかる重力も無視する。図5で糸に接している物は，ばねばかりのフックと物体Cである。だから，糸にはたらく力は，「ばねばかりのフックが糸を上向きに引く力」と，「物体Cが糸を下向きに引く力」である。この2つの力はつり合っており，ばねばかりが100gを指しているので，どちらの大きさも1Nである。よって，ばねの上端から上向きに1目盛りの矢印と，ばねの下端から下向きに1目盛りの矢印を描く。

(5) 物体Cの重さが300gなので，「物体Cにはたらく重力」は3Nである。だから，物体Cの中央から真下向きに3目盛りの矢印を描く。図5で物体Cに接している物は，糸と台ばかりである。だから，重力以外で物体Cにはたらく力は，「糸が物体Cを上向きに引く力」と，「台ばかりが物体Cを上向きに押す力」である。前者は，(4)で考えた「物体Cが糸を下向きに引く力」の反作用なので，大きさは1Nである。だから，物体Cと糸が接している点から真上向きに1目盛りの矢印を描く。後者は，物体Cにはたらく力のつり合いから，3[N]－1[N]＝2[N]である。だから，物体Cと台ばかりが接している面の中央から真上向きに2目盛りの矢印を描く。

(6) 図5で「物体Cが台ばかりを下向きに押す力」は，(5)で考えた「台ばかりが物体Cを上向きに押す力」と，作用・反作用の関係にある。だから，力の大きさも等しく2Nである。

(7) 点Pには3本の糸があるので，それらの糸が引く3つの力があってつり合っている。ここで，「糸1が点Pを引く力」㋛「点Pが糸1を引く力」㋡「物体Dが糸1を引く力」㋛「糸1が物体Dを引く力」㋡「物体Dにはたらく重力」は，すべて大きさが等しく3Nである。なお，㋛は作用・反作用の関係，㋡はつり合いの関係である。そこで，点Pから糸1のある真下の向きに3目盛りの矢印を描く。これとつり合うように，点Pから真上の向きに3目盛りの補助線を描く。これを対角線として，糸2と糸3の向きが隣り合う2辺の方向になるような平行四辺形を描けば，2つの分力が作図できる。以上の3つの力が解答である。

5 (裸子植物，細胞分裂)

(1) ツツジとアブラナは双子葉類で，根は主根と側根からなる。マツは裸子植物で，同じ木に雄花と雌花がつく。イチョウは裸子植物で，雄花と雌花は別の木につく。

(2) めしべの柱頭についた花粉からは花粉管がのび，その中を精細胞が胚珠の中へと移動し，精細胞の核と卵細胞の核が合体して受精卵になる。やがて，受精卵は胚，子房は果実になる。

(3) 精細胞や卵細胞を生殖細胞といい，生殖細胞は減数分裂とよばれる特別な細胞分裂でつくられ，染色体の数は体細胞の半分である。また，受精卵の染色体の数は，精細胞の染色体の数と卵細胞の染色体の数の和となり，体細胞と同じになる。

(4) 細胞分裂では，はじめに核の中にひものような染色体が見え始め(ウ)，中央に集まる(エ)。その後，染色体は細胞の両端に向かって移動していき(イ)，やがて中央部にしきりができて(オ)，新しい2つの細胞になる。

(5) 図の30個の細胞のうち，ウの細胞は4個である。各時期の細胞数が細胞周期の各時期の時間の長さに比例するので，ウの時期の時間の長さは

$$25[h] \times \frac{4}{30} = 3\frac{1}{3}[h], \quad \frac{1}{3}[h] \times 60 = 20[分]だから，3時間20分である。$$

解　答

1　(1) ウ　(2) ウ　(3) イ　(4) ウ

2　(1) 生態系　(2) ウ, カ　(3) エ　(4) 外来種　(5) ウ
(6) イ　(7) プランクトンなどが吸収したあと，食物連鎖を経て大型の魚類や鳥類に捕食され，これらが干潟の外へ移動することで除去される。

3　(1) ① アンモニアが水に溶けやすく，空気よりも密度が小さい性質。
② 発生した液体が試験管の加熱部に流れ，割れる恐れがあるから。
③ $2NH_4Cl + Ca(OH)_2 \rightarrow 2NH_3 + 2H_2O + CaCl_2$
(2) ① 窒素分子　$n - \frac{1}{2}x$個
水素分子　$3n - \frac{3}{2}x$個
② $x = \frac{12}{23}n$　③ 右図

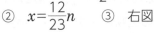

4　(1) イ　(2) 0.05g
(3) エ　(4) ア　(5) 4800m

5　(1) 32cm/s　(2) ① ウ　② イ　(3) エ
(4) A ア　B オ

配点　1　各3点×4　2　(7) 6点　他 各3点×6　3　各4点×7
4　(2), (5) 各4点×2　他 各3点×3　5　(1) 4点　他 各3点×5
計100点

解　説

1　(独立小問)
(1) 根の先に生えている細かい毛を根毛という。
(2) 同じ材質のストローなので生じる静電気も同じ種類の電気を帯び，互いに反発する。
(3) 原子は，通常の化学変化でそれ以上分かれたり，別の原子に変わったりすることはない。水素のように軽く小さい原子もあれば，鉛のように重く大きい原子もある。

(4)　星は北極星を中心に，反時計回りに動く。

2　(干潟の生態系)

(1)　生物どうしの食物連鎖に加え，分解者のはたらき，気体をふくめた物質の出入りなどの環境もふくめた全体を，生態系とよぶ。

(2)　ウでは「生物→環境」として，動物プランクトンが酸素を大量消費し，「環境→生物」として，酸素不足により魚の生息が不能となっている。また，カでは「生物→環境」として，アサリが有機物を消費することで水の透明度が増し，「環境→生物」として，海底の藻類が生育できる。

(3)　コメツキガニは，砂浜に巣穴をほるため，かき出した砂が砂だんごとして残る。ゴカイは，泥の中に管のような巣穴をつくり，その出口に糞の山を積み上げる。

(4)　もともとその地域にいなかった生物で，人間が他の地域から持ち込んできたことで，その地域に生息するようになった生物は，外来種，外来生物などとよばれる。

(5)　湿地の保護に関する国際的な取り組みとして，ラムサール条約があり，国内では50か所以上，千葉県では谷津干潟が登録されている。アは絶滅のおそれのある野生動植物の種の国際取引に関する条約である。イは気候変動に関する国際連合枠組条約の議定書である。エは，絶滅のおそれのある野生生物のレッドリストと，その生物に関する詳しい情報が記載されたレッドデータブックを混ぜたような語である。オは過去に多数の条約があるが，環境に関するものとしては，オゾン層保護に関する条約がある。

(6)　ア：誤り。日本では，シギは春と秋の渡りの途中で干潟に立ち寄っているのであって，人間が持ち込んだ外来種ではない。イ：正しい。アシハラガニはコメツキガニを食べ，マメコブシガニはアサリやゴカイを食べるので，共通したものを食べない。ウ：誤り。食物連鎖に影響するが，海水温が変わるわけではない。エ：誤り。生物の数は変化するが，各生物が食べるものが変わるわけではない。オ：誤り。植物プランクトン→ゴカイ→コチドリとたどると，第二次消費者となる。また，植物プランクトン→動物プランクトン→アサリ→マメコブシガニ→コチドリとたどると，第四次消費者となる。

(7)　窒素やリンは，植物が必要とする養分である。また，有機物は動物プランクトンや小動物が吸収する。これらは，食物連鎖によってしだいに大型の動物に捕食される。大型の魚類や鳥類は，干潟で捕食したあと，他の場所へ移動するため，結果的に，窒素，リンや有機物は干潟から除去される。

3　(アンモニアの合成)

(1)　①　アンモニアは水にたいへんよく溶ける気体なので，水上置換法では集められない。また，アンモニアは空気よりも密度が小さく，軽い気体なので，上方置換法で集める。

② 固体の物質の加熱では，その固体がすぐに融解しないものであれば，試験管の底を上げ，口を下げて加熱しなければならない。③の反応式にもあるように，H_2Oのような液体が発生し，冷えた液体が試験管の加熱部に触れると，試験管が割れる可能性があり危険である。試験管のガラスは加熱によって膨張しているが，冷えた液体によって一部だけが収縮すると，その境目でガラスが破損する。

③ 化学式を並べると，$NH_4Cl+Ca(OH)_2 \Rightarrow NH_3+H_2O+CaCl_2$となる。この段階で，左辺と右辺の数が合っているのはCaだけである。数合わせは，4か所にあるHを後回しにし，まずClを合わせるために，左辺のNH_4Clの係数を2にする。すると，右辺のNH_3の係数も2となる。最後に，H_2Oの係数を2にすると，OとHも合うので完成である。

(2) ① 問題文の(i)の反応は，温度や圧力の条件によってある程度進むが，すべてが完全にNH_3になることはなく，つねにN_2，H_2，NH_3の三者が共存する状態にある。化学反応式では，N_2，H_2，NH_3の個数比は1：3：2だから，NH_3がx〔個〕できたとき，N_2の数ははじめのn〔個〕よりも$\frac{1}{2}x$〔個〕だけ減少する。また，H_2の数ははじめの$3n$〔個〕よりも$\frac{3}{2}x$〔個〕だけ減少する。

② 長時間経った後のN_2，H_2，NH_3の個数の数の合計は，①の計算より，$\left(n-\frac{1}{2}x\right)+\left(3n-\frac{3}{2}x\right)+x$〔個〕である。このうちの15％が，$NH_3$の個数の$x$〔個〕だから，$\left(n-\frac{1}{2}x+3n-\frac{3}{2}x+x\right)\times\frac{15}{100}=x$が成り立つ。変形して，$15(4n-x)=100x$となる。$x$について解くと，$x=\frac{12}{23}n$〔個〕となる。

③ 問題文にあるように，触媒とは，特定の化学反応を速くするはたらきをする物質で，それ自身は反応しない。そのため，図2の反応に触媒を用いると，反応が速く進むが，最終的な反応生成物の量に変わりはない。

$\boxed{4}$ （雲のでき方）

(1) 乾湿計では，乾球温度計が気温を示すので，乾球温度計の示度は28.0℃である。表1から，乾球の示度が28.0℃，湿度が60％であるとき，乾球と湿球の示度の差は5.5℃であるから，湿球温度計の示度は，28.0－5.5＝22.5〔℃〕である。

(2) 気温28℃の飽和水蒸気量は27.2g/m³なので，空気1m³中の水蒸気量は，27.2〔g/m³〕×0.60＝16.32〔g/m³〕である。また，4℃の飽和水蒸気量は6.4g/m³なので，この空気を4℃まで冷やすと，1m³当たり16.32－6.4＝9.92〔g/m³〕の水滴が現れる。よって，空気5000cm³＝0.005m³中では，9.92〔g/m³〕×0.005〔m³〕＝0.0496〔g〕より，0.05gの水滴が現れる。

(3) 入道雲(積乱雲)がしだいに上にのびていることから，強い上昇気流が発生していることがわかる。

(4) 水蒸気が水滴になり始める温度を露点という。気温が同じとき，湿度が高いほど空気中

にふくまれる水蒸気量が大きいので，露点は高くなる。空気が上昇すると気温が下がるが，露点が高いと低い高度で露点に達するので雲ができ始める高度は低くなる。

(5)　(2)より，空気1m³中の水蒸気量は16.32g/m³なので，表2より，露点は19℃であることがわかる。よって，雲ができ始めるのは，空気が28－19＝9〔℃〕低くなるところなので，雲がないときは100m高くなるごとに1℃ずつ低くなるから，900m上昇したところとわかる。また，氷は0℃になるとでき始めるので，雲があるときは100m高くなるごとに0.5℃ずつ低くなるから，雲ができてから19〔℃〕÷0.5〔℃〕×100〔m〕＝3800〔m〕上昇したところとわかる。はじめの標高は100mだから，氷の粒ができ始める地点の標高は，100＋900＋3800＝4800〔m〕

5　(斜面上の運動)

(1)　1秒間に50打点する記録タイマーは，1〔s〕÷50＝$\frac{1}{50}$〔s〕で1打点するので，区間PQを移動するのにかかった時間は，$\frac{1}{50}$×5＝0.1〔s〕であることがわかる。よって，台車が区間PQを運動したときの平均の速さは，(4.8－1.6)〔cm〕÷0.1〔s〕＝32〔cm/s〕である。

(2)　台車には，台車の進む向きに重力の分力が一定の大きさではたらく。一定の大きさの力が運動している物体にはたらくとき，物体の速さは一定の割合で増加していく。よって，時間と速さの関係は，ウのような比例のグラフとなる。また，台車が運動を始める高さが，台Ⅰ，台Ⅱのどちらも20cmで同じなので，台車がレールの下端に達したときの速さは同じになる。

(3)　台車にはたらく重力の大きさと斜面に平行な向きの力の大きさの比と，斜面の長さと斜面の高さの比は等しい。よって，12〔N〕：8〔N〕＝x〔cm〕：20〔cm〕　　x＝30〔cm〕

(4)　斜面の傾きが大きくなると，台車にはたらく重力の台車の進む向きの分力は大きくなる。また，台車にはたらく重力の大きさは一定なので，台車の進む向きにはたらく重力の分力も一定である。

星の動き

　1の(4)で，星の動きについて出題されている。

　北極星は，地軸の延長上にあるため，ほとんど動かない。地球は西から東へ自転しているため，星全体は東から西へ移動しているように見え，北の空の星は，北極星を中心に反時計回りに動いているように見える。1日で約1回転するから1時間では，360°÷24＝15°動く。

65 | 第10回 | 解答・解説

解 答

1 (1) エ　(2) イ　(3) エ　(4) A 放射線　B 遺伝子

2 (1) ① ア　② ア d　イ 小さくなった

    (2) ① 内合　② 6.1倍　③ エ　④ 右図

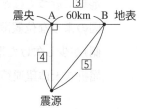

3 (1) イ，エ，オ　(2) 電子　(3) ア

    (4) 様子　アルミニウムはくがぼろぼろになる。

    理由　アルミニウムがアルミニウムイオンとなって溶け出す

    反応をするから。　(5) ア，オ　(6) 4.0mg

    (7) ア，$2NH_4CL + Ca(OH)_2 \rightarrow CaCL_2 + 2H_2O + 2NH_3$

4 (1) エ　(2) 2.88kWs　(3) ア　(4) 2.5V　(5) イ

5 (1) イ　(2) ウ　(3) ウ　(4) オ

配点　1 各3点×5　　2 各4点×7

    3 (4)，(6)，(7) 各4点×4　　他 各3点×4

    4 (2)，(4) 各4点×2　　他 各3点×3　　5 各3点×4　　計100点

解 説

1 （独立小問）

(1)　純系の丸形の親の遺伝子型をRR，しわの親の遺伝子型をrrとすると，その子はすべて
丸形で，その遺伝子型はRrになる。これをかけ合わせると生まれる子の遺伝子型の比率は，
RR：Rr：rr＝1：2：1になる。このうち，RRとRrは丸形なので全体の$\frac{3}{4}$を占め，その数は
$6000 \times \frac{3}{4} = 4500$になる。

(2)　二酸化炭素は空気の約0.04％を占める。塩酸は塩化水素の水溶液である。アンモニア水
はアルカリ性で，赤色リトマス紙を青色に変える。

(3)　初期微動継続時間は震源からの距離に比例するので，震源か
らA地点までの距離：震源からB地点までの距離＝4：5であるこ
とがわかる。震央は震源の真上の地表の点なので，震源，A地点，
B地点の関係は右の図のようになる。よって，A地点から震源ま

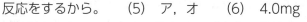

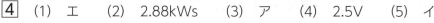

での距離(震源の深さ)を$x$kmとすると，x[km]：60[km]＝4：3　x＝80[km]

(4)　放射線を出す能力を放射能，放射線を出す物質を放射性物質という。放射性物質は放射線を出すと別の物質に変化する。放射線は，物体を透過する性質があり，生物のからだを通過すると，その際に細胞の核内の遺伝子を傷つけ，がんが発生しやすくなる。

2 （太陽系の天体の動き）

(1)　①　日の出の位置は，春分と秋分は真東，夏至は真東より北寄り，冬至は真東より南寄りである。図1で，日の出の位置は，真東よりやや北寄りから，さらに北寄りへと変化していることから，2回の観察を行った時期は，春分～夏至の間であることがわかる。

　②　同じ時刻に月を観察すると，日がたつにつれて見える位置は東へと変わり，真南よりも東側では，地平線に近づいていく。また，図1のような，大きく欠けて左側の一部が輝いている月は，さらに大きく欠けて，やがて新月となったあと，ふたたび右側から輝きだし，三日月→半月(上弦の月)→満月→…と変化していく。

(2)　①　図2は地球の北極側から見たものなので，地球と金星はどちらも反時計回りに公転する。また，地球の公転周期は1年，金星の公転周期は0.62年で，公転する速度は公転周期に反比例するので，金星のほうが公転する速度は速くなる。よって，図2の状態からでは，金星が地球に追いつくような形になるため，内合が先に起こる。

　②　金星と地球が最も離れるのは，地球－太陽－金星のように一直線になるときで，このときの距離は，1＋0.72＝1.72である。また，金星と地球が最も近づくのは，地球－金星－太陽のように一直線になるときで，このときの距離は，1－0.72＝0.28である。よって，金星と地球が最も離れたときの距離は，最も近づいたときの距離の，1.72÷0.28＝6.14…より，6.1倍である。

　③　地球の公転周期は1年なので，1.5年で太陽のまわりを1.5周し，金星の公転周期は0.62年なので，1.5年で太陽のまわりを1.5÷0.62＝2.41…より，約2.4周する。よって，1.5年後の地球と金星の位置関係は，右の図のようになる。このとき，金星はよいの西の空に見られる。

ある日の地球の位置
太陽
ある日の金星の位置

　④　金星は，太陽の光を反射して輝いて見えるため，太陽のある側が光って見える。また，地球に近づくほど大きく欠け，地球から遠くなるほど欠け方は小さくなる。よって，③の図のような位置関係にあるとき，金星は地球から見て太陽と逆側の南東側(肉眼での左上側)が少し欠けた形で見える。屈折式天体望遠鏡では，上下左右が逆になって見えるため，屈折式天体望遠鏡で見た金星は，右下が少し欠けた形になる。

3 （電池，電気分解）

(1) 電流が流れる水溶液は，溶けた物質がイオンに分かれる電解質の水溶液である。砂糖とエタノールは分子のまま溶けて，イオンに分かれない非電解質である。

(2) キッチンペーパーには電解質の水溶液がしみ込ませてある。その水溶液に接しているアルミニウムAlが，電子e^-を放出して溶け出し，アルミニウムイオンAl^{3+}になる。この電子が電子オルゴールをつないだ回路を回り，備長炭に到達する。備長炭は電流を通す物質で，表面や内部には細かな穴がたくさんあり，そこで空気中の酸素O_2と結びつく。これにより，電流が流れる。なお，酸素と電子は，$O_2+2H_2O+4e^-\rightarrow4OH^-$により水酸化物イオンとなって，$Al^{3+}$と結びつき，反応が完結する。

(3) アルミニウムAlが，電子e^-を放出するので，これが備長炭電池のマイナス極になる。反対の備長炭がプラス極になる。

(4) アルミニウムAlは，アルミニウムイオンAl^{3+}になって電解質に溶け出すので，アルミニウムはくは，薄くなったり穴が空いたりして，徐々に原形をとどめなくなる。

(5) 水を電気分解すると，$2H_2O\rightarrow2H_2+O_2$により，陰極から水素H_2，陽極から酸素O_2が発生する。酸素の性質を選べばよい。ア：正しい。他の物質を燃焼させる。イ：誤り。空気より少し重い。ウ：誤り。$Zn+H_2SO_4\rightarrow ZnSO_4+H_2$で，水素が発生する。エ：誤り。$2CuO+C\rightarrow2Cu+CO_2$で，二酸化炭素が発生する。オ：正しい。$2Ag_2O\rightarrow4Ag+O_2$で，酸素が発生する。カ：誤り。$2NaHCO_3\rightarrow Na_2CO_3+H_2O+CO_2$で，二酸化炭素が発生する。

(6) 純粋な水では電流を通さないので，少量の水酸化ナトリウムを加える。発生する気体の体積比は，水素：酸素＝2：1である。陰極側で発生した気体は水素で，表を見ると，1分間あたり0.8mLずつ水素が発生している。電流の大きさはずっと一定なのだから，7分間で発生する水素の体積は，$0.8\times7=5.6$〔mL〕である。陽極側で発生した酸素の体積は，その半分で2.8mLである。1.0Lあたりの酸素の質量は重い方の1.43gであり，1.0mLあたりの質量は1.43mgである。よって，質量は$1.43\times2.8=4.004$〔mg〕で，四捨五入により4.0mgである。

(7) 塩化アンモニウムに，水酸化カルシウムや水酸化ナトリムのような強いアルカリを作用させると，アンモニアNH_3が発生する。アンモニアは水に溶けやすいので，水上置換法は不可能であり，空気よりも軽いので，上方置換法で集める。

4 （電流と電圧）

(1) オームの法則より，図2から，6〔V〕÷0.4〔A〕＝15〔Ω〕

(2) 電源電圧を12Vにしたときに電気抵抗Qに流れる電流は，12〔V〕÷15〔Ω〕＝0.8〔A〕だから，消費電力量は，12〔V〕×0.8〔A〕×(60×5)〔s〕＝2880〔Ws〕＝2.88〔kWs〕

(3) 電気抵抗Pの抵抗は，6〔V〕÷0.6〔A〕＝10〔Ω〕である。Aの全体の抵抗は，10〔Ω〕×2＝20〔Ω〕より，流れる電流は6〔V〕÷20〔Ω〕＝0.3〔A〕，Bの全体の抵抗は，15〔Ω〕×2＝30〔Ω〕

より，流れる電流は6[V]÷30[Ω]＝0.2[A]，Cの全体の抵抗は，10＋15＝25[Ω]より，流れる電流は，6[V]÷25[Ω]＝0.24[A]＝240[mA]である。よって，Aのときに最も大きい電流が流れ，Cのときは240mAの電流が流れる。

(4) 電源の－極につながる導線を点eにつなぐと右の図のような回路になる。P_1～P_4を直列につないだ部分の全体の抵抗は，10[Ω]×4＝40[Ω]，全体に加わる電圧は電源の電圧と同じ10Vであるから，流れる電流は，10[V]÷40[Ω]＝0.25[A]である。よって，P_1に加わる電圧は，0.25[A]×10[Ω]＝2.5[V]

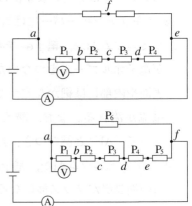

(5) 電源の－極につながる導線を点fにつなぐと，右の図のように，抵抗1個の部分と抵抗5個が直列の部分との並列回路となる。図のP_6には，20Vの電圧が加わるので，

流れる電流は，20[V]÷10[Ω]＝2.0[A]となる。よって，並列のもう一方には，3.0－2.0＝1.0[A]の電流が流れる。20Vの電圧で1.0Aの電流が流れるのは，20[V]÷1.0[A]＝20[Ω]のとき，つまり，電気抵抗Pを直列に2個つないだときである。また，電圧計は0Vを示すので，P_1には電流が流れていないことがわかる。これらのことから，導線でつないだ2点は点aとdであることがわかる。

---

⑤ （呼吸と光合成）

(1)・(2) 実験1で，BTB液はもともと青色で，呼気を吹き込んで緑色にしている。さらに二酸化炭素が増えると酸性の黄色になり，二酸化炭素が減るともとの青色になる。試験管B，C，Eともオオカナダモが生きている限り，呼吸は必ず行っている。試験管Bには光が当たっていて，呼吸よりも多く光合成を行っているので，水中の二酸化炭素は吸収されてBTB液は青色になった。試験管Cには光が弱く当たっており，光合成を行っている。呼吸と光合成の量が同じなので，水中の二酸化炭素は減りも増えもせず，BTB液は緑色のままである。試験管Dは光が当たっておらず，光合成をしていない。呼吸で二酸化炭素が排出されるので，水中の二酸化炭素は増える一方であり，BTB液は黄色になった。

(3) 実験2では，息を吹き込んだものと吹き込んでいないもので比較しようとしている。つまり，光合成の条件として二酸化炭素が必要かどうかを調べるのが目的である。アは試験管FとHの比較，イは試験管FとGの比較で証明できる。エで，酸素は光合成の結果できるものであり，条件ではない。オは水があるときとないときで実験できればよいが，水中生活をするオオカナダモを使った実験で水がないと枯れてしまい，実験は不可能である。

(4) 実験2は，(4)でもみたように，光合成の条件として二酸化炭素が必要かどうかを調べるのが目的だが，そのためにはFと比較する相手が不足している。相手として必要なのは，『二

酸化炭素を吹き込まずに，光に当てる』という試験管である。そこで，試験管Iのアルミニウムはくをはがせば，実験が成立する。

1
(1)		(2)		(3)		(4)	

2
(1)		

(2)		(3)	

(4)	

(5)	①		②	
	③			

3
(1)		(2)		(3)		(4)	
(5)							

4
(1)	
(2)	
(3)	

(4)	①		②		(5)	

5
(1)		(2)	
(3)		(4)	

1 /20	2 /21	3 /20	4 /19	5 /20	/100

1　(1)　　　(2)　　　(3)　　　(4)

2　(1)　①　　②
　　(2)　　(3)　　(4)

3　(1)　　(2)　　(3)　　(4)
　　(5)

4　(1)　　(2)
　　(3)　　(4)
　　(5)

5　(1)　　(2)　①　　②
　　(3)　　(4)　①　　②
　　(5)　①　　②

1 ╱20　2 ╱20　3 ╱20　4 ╱16　5 ╱24　╱100

公式集

1

(1)		(2)		(3)		(4)	

2

(1)		(2)		(3)		(4)	

3

(1)		(2)		(3)	
(4)			(5)		

4

(1)		(2)		(3)		(4)	
(5)							

5

(1)		(2)		
(3)	③			④
(4)				
(5)	bの長さ		実像の高さ	

1	/20	2	/20	3	/20	4	/20	5	/20	/100

1
(1)		(2)		(3)	

(4)	

2
(1)		(2)		(3)		(4)	

3
(1)		(2)		(3)		(4)	

4
(1)		(2)	A		B	

(3)	

(4)		

(5)		(6)	

5
(1)	

(2)	

(3)		(4)	

(5)	

(6)	①	
	②	a	b	c

1	/16	2	/16	3	/16	4	/24	5	/28		/100

1
(1)		(2)	
(3)		(4)	

2
(1)		(2)	
(3) ①		②	
(4)			

3
| (1) | | (2) | | (3) | | (4) | |

4
| (1) | | (2) | | (3) | | (4) | |

5
| (1) | | (2) | | (3) | | (4) | |
| (5) | |

1 ／20　2 ／20　3 ／20　4 ／20　5 ／20　／100

1

(1)		
(2)	①	②	③
(3)		(4)	

2

(1)	①	②	③
(2)		(3)	
(4)	①	②
	③ 酸素	二酸化炭素

3

(1)	(2)	(3)	(4)
(5)			

4

(1)	(2)	
(3)	②	③	⑤
(4)	(5)	

5

(1)	(2)	(3)	(4)
(5)			

1 /18	2 /16	3 /25	4 /21	5 /20	/100

1
(1)   (2)   (3)   (4)

2
(1) ①   ②
    ⑤   ⑨
(2)   (3)
(4) c   d   e   f
(5)   (6)   (7)

3
(1)   (2)   (3)   (4)

4
(1)
(2)
(3)
(4)   (5) 浅い   深い
(6)   (7)

5
(1)   (2)   (3)   (4)
(5)

1 /8   2 /26   3 /16   4 /30   5 /20   /100

1 (1)　　(2)　　(3)　　(4)

2 (1)　　(2)　　(3)　　(4)　　(5)

3
| (1) | | (2) | | (3) | X | | Y | |
| (4) | | (5) | | (6) | | | | |

4

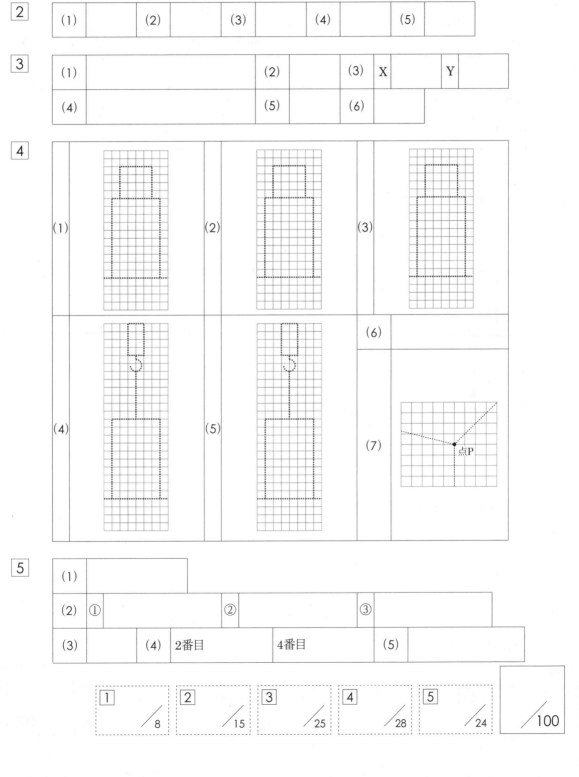

(1)　(2)　(3)

(4)　(5)　(6)

(7) 点P

5
(1)

(2) ①　　②　　③

(3)　　(4) 2番目　　4番目　　(5)

1 ／8　　2 ／15　　3 ／25　　4 ／28　　5 ／24　　／100

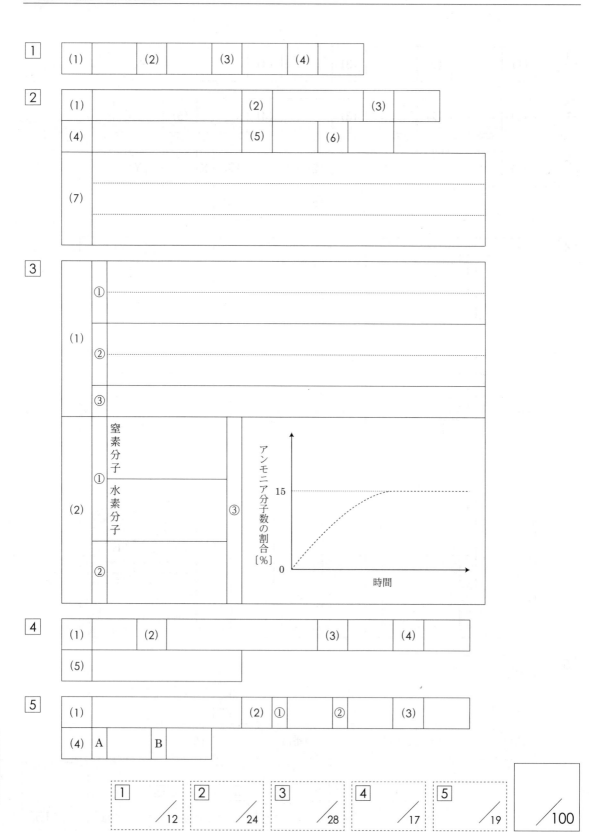

1
| (1) | | (2) | | (3) | |

| (4) | A | | B | |

2
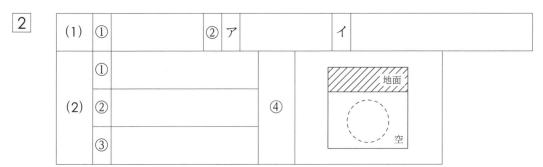
(1) ① ② ア イ
(2) ① ② ③ ④
地面 空

3
| (1) | | (2) | |

| (3) | |

(4) 様子
理由

| (5) | | (6) | |

| (7) | |

4
| (1) | | (2) | | (3) | |

| (4) | | (5) | |

5
| (1) | | (2) | | (3) | | (4) | |

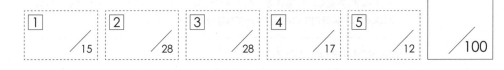

| 1 | /15 | 2 | /28 | 3 | /28 | 4 | /17 | 5 | /12 | /100 |

第1回
第2回
第3回
第4回
第5回
第6回
第7回
第8回
第9回
第10回
解答用紙
公式集

高校入試実戦シリーズ

実力判定テスト10 理科　偏差値65

2021年 8月 5日　初版発行
2022年 1月21日　 2刷発行

発行者　佐藤　孝彦

発行所　東京学参株式会社
　　　　〒153-0043　東京都目黒区東山2−6−4
　　　　URL　　http://www.gakusan.co.jp/

編集部　TEL　　03 (3794) 3002
　　　　FAX　　03 (3794) 3062
　　　　E-mail　hensyu2@gakusan.co.jp

※本書の編集責任はすべて弊社にあります。内容に関するお問い合わせ等は、編集部
　まで、なるべくメールにてお願い致します。

営業部　TEL　　03 (3794) 3154
　　　　FAX　　03 (3794) 3164
　　　　E-mail　shoten@gakusan.co.jp

※ご注文・出版予定のお問い合わせ等は営業部までお願い致します。

印刷所　株式会社ウイル・コーポレーション

ISBN 978-4-8141-1917-2